SHODENSHA
SHINSHO

朝鮮学校「歴史教科書」を読む

萩原　遼
井沢元彦

JN283427

祥伝社新書

まえがき

高校授業料の無償化は鳩山《はとやま》民主党内閣発足当時からの公約のひとつでした。これを在日朝鮮高校生にも適用するかどうかで一年半も紛糾してきました。その主な原因が、彼らの歴史教科書にありました。およそ真実とは遠い、劇画のような作り話。金《キム》日成《イルソン》・金正日《キムジョンイル》の個人英雄伝説。日本人拉致を反省するどころか、日本は拉致を大げさに言い立て反朝鮮策動を繰《く》り広げていると逆切れする始末。こんな教科書になぜ税金を投入しなければならないのか。そのことを問題視する当然の声が、国会やマスコミなどで上がりました。

在日コリアンは日本にとって一番近しい隣人です。およそ一〇〇万人。韓国籍、朝鮮籍、日本国籍取得者、ニューカマーといわれる韓国からの出稼ぎ者、それに最近北朝鮮から脱出してきた二〇〇〇人を超える脱北者などがこの日本に住んでいます。

問題になっているのは、朝鮮総連が経営する朝鮮学校です。幼稚園から大学まで、生徒・学生数七〇〇〇人前後。そのうち高校生は二〇〇〇人弱といわれます。それを指導するのが北朝鮮政府です。教科書の内容からカリキュラムにいたるまで、事細《ことこま》かに決めて日本の朝鮮学校に押し付ける。日本人拉致やテロ、核実験やミサイル輸出などを行ない、国際社会でも「ならずもの国家」と呼ばれる国が、です。

朝鮮学校もはじめは、日本から金をもらえれば口を出されるからと、思い通りに子どもを教育できる「各種学校」を選んだ。ところが本国の経済苦境で、「日本政府から金をもらえ」の方針に変わった。金をもらうには、学校教育法や教育基本法に沿った教育をしなければならない。劇画のようなことばかりを教えるわけにはいかない。

よい機会です。北朝鮮系の学校がどんな教育をしているのか。隣人らしい教育なのか。さいわい、「朝鮮高校への税金投入に反対する専門家の会」の手で朝鮮中級学校、高級学校の歴史教科書が翻訳されました。大切なのは、これを機に朝鮮学校のすべての教科書が日本語に訳され、その中身が検討されることです。在日コリアンと日本人が、朝鮮学校の教育はどうあるべきか論議することです。

この新書版は、そのために役立つと思います。出版の機会を与えてくださった祥伝社の新書編集部の方々、対談者として多大のご教示をいただいた井沢元彦さんに、心からの感謝を申し上げます。

２０１１年10月20日

萩原《はぎわら》 遼《りょう》

目次

(3) 朝鮮学校はいま　40

四章　元朝鮮学校生徒の証言　231

本書で準拠した朝鮮学校「歴史教科書」の原本は、以下のとおりです。

「朝鮮歴史　中級2」「朝鮮歴史　中級3」

「現代朝鮮歴史　高級1」「現代朝鮮歴史　高級2」「現代朝鮮歴史　高級3」

発行元　学友書房（〒174－0051　東京都板橋区小豆沢4－24－16）

編纂　総連中央常任委員会・教科書編纂委員会

発行　それぞれ二〇〇四年から二〇〇八年にかけて発行

（いずれも二〇一一年現在使用されています）

一章　授業料無償化と「歴史教科書」

（1）朝鮮学校「歴史教科書」を全訳した理由

無償化を支持する大新聞への怒り

井沢　萩原さんは今回、朝鮮高級学校（朝鮮高校）の「歴史教科書」を全部そっくり日本語に翻訳して出版するという事業をなされましたね。そのあと、中級学校（中学）の「歴史教科書」の訳出も終えられたわけですが、これだけのことをやろうとされた直接のきっかけというものは、なんだったのでしょうか。

萩原　直接のきっかけは民主党政権が打ち出した高校の授業料無償化の対象として、朝鮮高級学校も含めるという話でした。それは、とんでもないことではないか、なぜ無償化しなければいけないのか。鳩山《はとやま》さんにしても菅《かん》さんにしても、当時の文科相だった川端《かわばた》さんにしても、そもそも朝鮮学校の実態を知っているのだろうか。朝鮮学校が工作員の養成所となっているということ、本当にとんでもないことを教えているということを知っているのかと、そういう思いでいました。

そこへ無償化という話になり、朝鮮学校は除外すべきだという議論が起きたとき、一般紙は、産経を除いていっせいに朝鮮高級学校を無償化の対象から除外すべきではないと、社説で書いた。私は非常に怒りを感じました。この社説を書いている人間が教科書を読んでいるのかといったら、読んでいないでしょう。

ちなみに、社説の一例を次に挙げてみることにします。

〈社説〉朝鮮学校無償化　日本で生きるために（「東京新聞」二〇一〇年三月三日付）

衆院で高校授業料の無償化法案の審議が進んでいるが、朝鮮学校を対象から除外する意見も出ている。在日朝鮮人の子弟は日本の社会で生きていこうとしている。日本の高校生と差別したくない。

教育を等しく受ける権利は国際条約で保障されている。国際人権A規約（社会権規約）では、教育によって民族や人種間の理解と友好を促進すべきだとしている。

高校授業料無償化は日本の学校だけに限らない。欧米系の外国人学校は、本国が高校課程の教育をしていると証明すれば、無償化の対象になるとされる。ところが、朝鮮学校には除外論が出ている。

例えば中井洽拉致問題担当相は無償化の対象から外すべきだと主張する。北朝鮮は核、ミサイルの開発を続け、日本人拉致問題の解決にも応じない。北朝鮮を支持する在日本朝鮮人総連合会（朝鮮総連）が朝鮮学校を援助し、影響力を持っているなどの理由だ。

文部科学省内にも、日朝間に国交がなく、「北朝鮮本国の教育体系に朝鮮学校をどう位置付けているか、明らかではない」と無償化に慎重論もあるとされる。

確かに北朝鮮は独裁国家だが、在日朝鮮人の子どもたちはまったく別の社会で生きている。朝鮮籍を理由に教育の機会を制限すれば差別を助長するだけだ。

朝鮮学校は高校課程にあたる高級学校が全国に十校、生徒は約二千人。朝鮮籍が多いが、韓国籍もいる。授業は朝鮮語で行われるが、語学や朝鮮史などを除けば、日本の学習指導要領に準じた教育をしている。

朝鮮学校のスポーツチームは日本の高校の競技大会に出場しているし、日本の多くの大学は同校卒業生の受験資格を認めている。教育現場では、既に朝鮮高校を高校として見なしている。

かつては北朝鮮の体制をたたえる思想教育が盛んだったが、いまは父母たちの要望で、民族の言葉と文化を学びながらも、日本の社会についての知識、技能の習得にも力を入れているという。子どもたちの未来は日本で生きることにあるからだ。

日本政府もこうした実情を調査したらいい。日本で進学し、就職する在日の子弟たちを援助するのは、人権規約にもかなう。

朝鮮学校には教育の内容をさらに公開するよう望みたい。民族の誇りを教えることは決して反日教育を意味しないと理解されれば、地域社会の支援も広がるはずだ。

読まずに議論できるのか

井沢　ここでは、たまたま東京新聞を出しましたが、朝日も読売、毎日、日経も、ほぼ同じ趣旨で社説を掲載しましたね。さて、これらの社説を書いた論説委員は、本当に教科書の内容を知っているのかということですね。

萩原　そうです。本当に読んで言っているのか、と。読んでいたら、とてもそんなことは言えないだろう。朝鮮戦争をどう書いているのか。「最初に攻撃してきたのは韓国とアメリカだ」と書き、「わが国を侵略したアメリカと韓国に対して正義の反撃に乗り出した」という趣旨の、いまだにこんなとんでもない嘘を書いているではないか、と。

こうなったら、日本人に教科書を読ませるしかない。読めば、さすがに先ほどの論説子にしても、自説の誤りに気がつくだろう。そう思って翻訳を思い立ちました。そうと決めてからは仲間を募《つの》って、一週間でやりとげました。

国会審議で無償化の方針が出されたのが、二〇一〇年の三月です。当時は三月中にも、その線で決まるかのような情勢でしたから、これはえらいことだと思って、朝鮮語のできる私の友人やメンバーを集めて、一週間で訳して、一週間で印刷して、全部で二週間で世に出しました。その効果もあって、国会でも私たちの翻訳本にもとづいて、朝鮮学校の無償化には重大な問題があるということになって、専門家会議をつくって検討する、となったのです。ですから多少手前味噌《みそ》かもしれませんけれど、この本があったればこそ正しい立場に立たせたと思っています。

井沢　無償化については、賛否双方の立場からさまざまな意見がありますが、共通しているのは、私も含めてほとんどの人が教科書を読んだことがないということです。それはそうですね、ハングルで書かれているのですから。だから翻訳が出て、単純にどんなことが書かれているのか、すごく興味がありますよ。とにかく読んでみたい。

それと、仮にハングルが読めたとしても、朝鮮学校の教科書を入手するのが、きわめて難しいのだとか。

なぜ、教科書が門外不出なのか

萩原　重要なのは、そこのところです。なぜ入手が難しいのかといえば、外部に持ち出してはいけない、見せてはいけないという厳しい統制があるからです。教科書には名前を書かせ、使い終わったら返却することになっています。理由は簡単で、中身を日本人に知られたくないからです。

井沢　それは歴史の教科書だけについてですか。

萩原　いえ、すべての教科書です。

井沢　子どもが朝鮮学校に行きますよね。学校では、教科書は貸し与えられるわけですか。

萩原　一応お金を払って買うらしいです。ただ、共産党の人間が用済みの文書を屑《くず》屋に売らないのと同じで、特殊な秘密文書扱いなのです。だから、使いまわすにしても、せいぜい弟、妹に貸すとか、その程度です。共産党系の人間は、そもそも一般の人間に文書を渡さないのです。

一般の会社でも用済みの文書をシュレッダーにかけるようになったのは、私の記憶

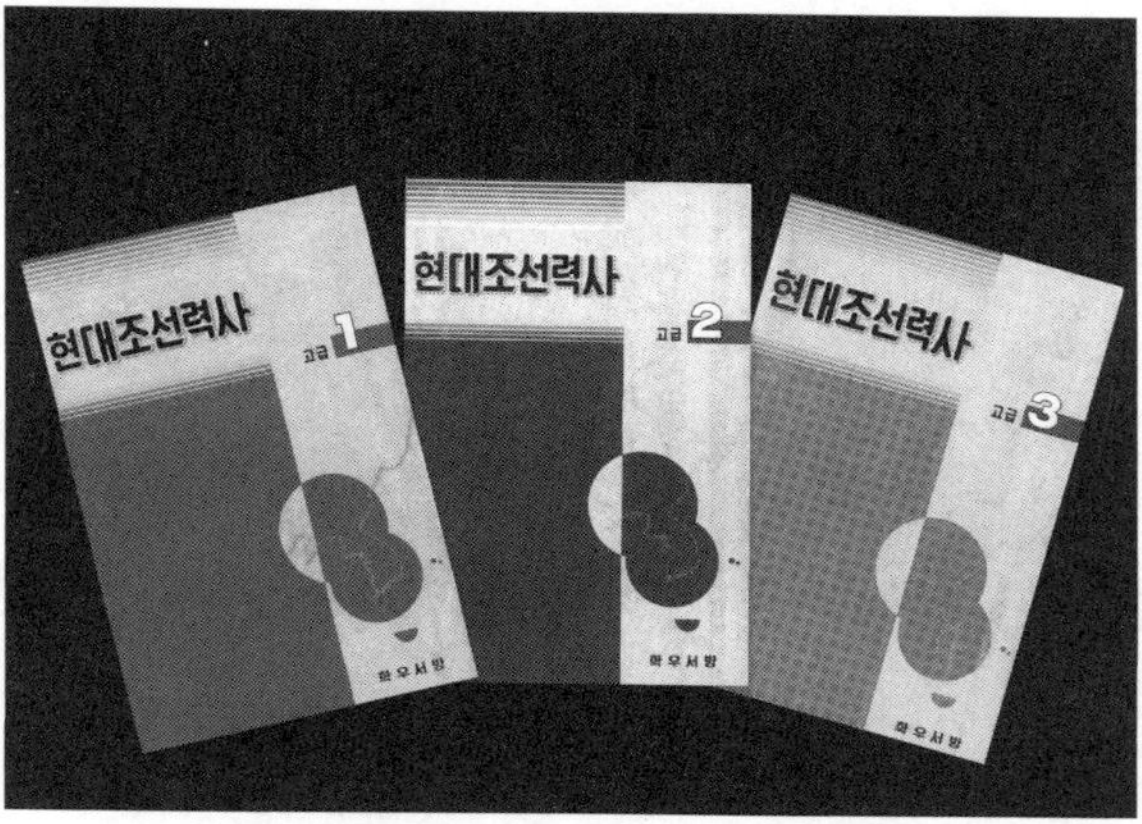

朝鮮高級学校で使用している歴史教科書

上段の教科書を、一字一句忠実に日本語に翻訳した今回の出版物（星への歩み出版刊）

ではここ三〇年ほどのことです。共産党系の人間は、もともと文書の取り扱いについては厳重に教育されていて、敵の手に渡らないよう内部で教えられています。ですから、教科書も機密文書と同様の扱いとなったのです。

敵というのは警察、公安、それと反朝鮮の団体のことです。「われわれはそうした敵に包囲されているのだから、取り扱いには注意するよう」との申し送りがあるようです。そんなことで、ものすごく入手が大変なのです。

ところが、そこのところはわれわれも長くやっていますから、在日の人から、「じゃあ、うちの孫が使ったのがあるからあなたに貸してやろう」ということで入手しました。

翻訳本をつくるにあたって、表紙もサイズも、何もかも全部そっくりそのままに、図版も全部同じように掲載しました。文章も一字一句、忠実に訳して、付け加えたり削除したりということも、一切していません。

井沢　とにかく無償化に賛成の人も、反対の人も、「まずはこれを読め、その上でまた議論しよう」、というわけですね。これは意義のある、素晴らしい試みだと思います。

萩原　ありがとうございます。

（2）朝鮮問題とのかかわり

大阪外大朝鮮語科の一期生

井沢　そもそも萩原さんがこれほど朝鮮の問題と深くかかわるようになった経緯について、お話しいただけますか。

萩原　私は一九六三年（昭和三十八年）、二十六歳で、大阪外国語大学の朝鮮語科に一期生で入りました。実は大阪外大に入る一年前から、日朝協会という北朝鮮系の組織の朝鮮語講座に入って勉強していました。講師の先生方は皆、朝鮮総連の民族学校の先生で、その先生の教え子たちと交流したり、先生が教えている小学校に行ったりもしました。だから大阪外大に朝鮮語科が新設されると聞いたときは、うれしくて一生懸命受験勉強をしたものです。

大阪でしたから大阪朝鮮高級学校というものがありまして、大阪外大に入ってからも、朝鮮語科の一期生の学生はたった四人しかいなかったのですが、みんなで朝高に行って食堂で生徒たちと一緒にご飯を食べたり、そのような交流はごく日常的だったですね。

井沢　大阪外大の朝鮮語科に入ろうと思われたのは、もともと朝鮮に対する憧《あこが》れがあったのですか。

萩原　私は十七歳で高校を中退して、高知から関西に移ってきたのですが、住み込みの牛乳配達などでなんとか食いつないでおりまして、一年後に、ようやく定時制高校に行ける余裕ができました。それで十八歳で、高校三年に編入したのです。そのとき隣に座っていた同級生が、在日朝鮮人だったのです。韓国の済州島《チェジュ》の出身で密入国者でした。

済州島で一九四八年（昭和二十三年）に大蜂起があって、三万人もの人が殺されるという事件がありましたが、その余波で逃げてきた子どもでした。もともとは父親と日本にいたのが日本の敗戦で解放になって、喜び勇んで祖国に帰ったのです。ところが祖国の騒乱や朝鮮戦争などで密航して、日本に舞い戻って来た。その子と同級生になったのが私を朝鮮と結びつけたきっかけなのです。

共産党への入党と、「赤旗」入局

井沢　そうして大阪外大を卒業して「赤旗」に入られたわけですね。

萩原　「赤旗」の編集局にも、当時は朝鮮語が堪能な局員はいなかったので、それでリクルートされたのです。あの当時、国立大学で朝鮮語学科があったのは、大阪外大が唯一でしたから。「赤旗」も朝鮮語が堪能な記者を入れて、少し紙面の改善をしていこうということで、それに私がマッチしたというわけです。

井沢　もうそのときには、共産党の党員だったわけですね。

萩原　そうです。私は子どものときから共産党が大好きでして、十五、六歳から十七、八歳にかけて、私の胸に響いたのは沖縄の瀬長亀次郎《せながかめじろう》という方の存在でした。米軍占領下の沖縄で那覇《なは》市長に立候補して当選しましたが、米軍の干渉ですぐにクビです。そして占領政策批判で留置場にぶち込まれるのです。ところが自分は被選挙権を奪われてしまったので、後任者を立てて立候補させたら、その人物がまた当選してしまう。その後、沖縄初の国政選挙で衆議院議員に当選するなどの活躍をしました。

那覇市長選挙のときに「アメリカのあのブルドーザーに銃剣の下で、よく頑張った」とエールを送り、民族の真の独立を訴える瀬長らの沖縄人民党の主張は、本当にわれわれの胸を打ちました。沖縄人民党はその後、本土の日本共産党に合流します。講和条約で表向きは独立していましたけれど、結局、安保条約やら何やらあって、私たちの目から見たら、日本は独立国ではないという共産党の主張のほうに惹《ひ》かれたのです。それで十八歳で共産党に入党しました。

井沢　なるほど、そういうわけでしたか。ところで、定時制高校で隣の席だったその方は、まだご存命なのですか。

萩原　一九六〇年の帰国運動で、祖国の社会主義建設に参加するんだ、と勇躍して北朝鮮に帰ったのです。ところが六七年ごろを最後に消息が途絶《とだ》えてしまいました。けれども、どこかで生きていると思っていました。まさか殺されたとは思っていなかった。ところがやはり殺されていたのです。医者志望でしたが、日本では医者になるための学費が高かったので、祖国では全部無料で教えてくれるといって喜んで帰って行ったのですが。

井沢　当時の帰国事業では、学校に行けるとか、いろいろといいことが言われていましたものね。

萩原　私が彼と別れて一二年後、一九七二年に「赤旗」の特派員として平壌《ピョンヤン》に入ったとき、すぐに探し始めたところが、彼はスパイだということになっていた。要注意人物としてすでに拘束されていたのです。当時はわからなかったのですが、その後の私の調査で判明しました。

つまり在日朝鮮人の帰国者というのは、北朝鮮にとっては、資本主義の悪い空気を吸ってきた、いわばばい菌だったのです。金日成《キムイルソン》は労働力確保のために帰国事業を進めたのですが、一般社会は、〈資本主義は悪である、日本人は悪いやつである、アメリカはもっと悪いやつである〉という反日、反米の思想で凝《こ》り固まっていました。在日朝鮮人は日本という先進国を知っているから、「日本はこんなではなかった、もっと便利だった」などと言うだけで、もう反朝鮮になってしまう。

社会主義への幻滅

萩原　私が一九七二年に平壌に行って、一番目が覚めさせられたのは、社会主義への幻滅ですね。つまり社会主義、共産主義と言いながら、何のことはない、人民は奴隷ではないか、と。まるで虫ケラのような扱いではないか。

行くときはソ連経由でした。そのときにも、ソ連では、たとえばわれわれ共産党の代表団がエレベーターに乗るとき、向こうの党の幹部も一緒に乗ります。そうしてエレベーターに一般の人が乗ってこようとすると、たぶん「降りろ」という意味のロシア語だと思うのですが、すごい剣幕で怒鳴りつけるのです。

怒鳴られた人民のおどおどした姿を見て、「これは何だ、どこが人民主体の国か」と思ってしまった。そんなことを、ソ連ですでにいくつか見聞きしました。そして北朝鮮に行ったら、ソ連を上回るひどさでしょう。人民は奴隷ですよ。

井沢　それで幻滅されて。

萩原　ええ。それから私はもう、「こんなのだめだ」と。

井沢　失礼ですけれど、逆に言いますと、行く前はそうではないと思っていたのですか。

萩原　はい、そんなふうにはまったく思っていなかったです。

井沢　帰国事業ということでいえば、「赤旗」だけでなくて朝日新聞も、ほかの新聞も、さんざん向こうのいいことばかりを書いて、かなりの人が帰りましたよね。

萩原　はい。

井沢　あの後も、「赤旗」は最後まで北朝鮮のことを信じていたのですか。

萩原　最後までそうですね。

井沢　なるほど。それで特派員として行かれて、実態を見て……。

萩原　そこでもう、やはり社会主義はだめだと。

井沢　おかしいと。

萩原　社会主義の国では、あの当時、もうすでに宣伝と現実の乖離《かいり》がひどかったのです。その一番極端なのが北朝鮮でして、そのことは日本共産党も気づいていました。人づてに聞いたのですが、宮本顕治《みやもとけんじ》さんが「もう平壌には二度と特派員を送るな」と言ったというのです。私はあの国を追放されたのですが、宮本さんも、よほど腹にすえかねたのでしょうね。それを最後に、「赤旗」は、北には特派員を送っていません。

朝鮮戦争を仕掛けたのはどちらか

萩原　冒頭でも申しあげましたが、私がとことん教科書の問題をやり始めたのは、朝鮮戦争は北から仕掛けたのにもかかわらず、南から仕掛けたということをいまも言いつづけている、このことが許せなかったからです。

井沢　朝鮮戦争といえば、かつては日本でも、大方のマスコミやエセ学者たちが、あれは南が仕掛けたものだと言っていましたね。

萩原　南とアメリカがね。

井沢　そのことは、まったく否定されるのですか。

萩原　ええ、完璧に。私はそのことを『朝鮮戦争—金日成とマッカーサーの陰謀』(一九九三年、文藝春秋刊。現在は文春文庫)で、北の文書、文献を使って北朝鮮が何年にもわたる周到な準備のすえに、韓国側に不意に十万人もの大軍で侵入したことを完膚《かんぷ》なきまでに立証しました。北の人間も朝鮮総連も、反論できません。日本人の北朝鮮シンパの学者や取り巻き連中を含め、私にただの一言でも言ってきた人は、和田《わだ》春樹《はるき》氏だけで、ほかには誰もいません。

アメリカ公文書館で調べた資料一六〇万ページ

萩原　簡単に経緯を申しますと、一九八八年末に、私は二〇年勤めた「赤旗」の編集部を、事実上追放されたのです。その後二〇〇五年に五〇年にわたって籍を置いてきた共産党からも「除籍」という名で追放されました。

「赤旗」を追われたことで時間的な余裕ができたので、アメリカに行って、国立公文書館に三年間通いづめたのです。そこで何をしていたかというと、朝鮮戦争でアメリカが押収してきたありとあらゆる文書の束、段ボールにして一三五〇箱、ページ数にして一六〇万ページに及ぶものでしたが、これに全部目を通したのです。全部を全部読んだとは言いませんが、とにかく一枚一枚、一応全部目を通しました。それも、書物とかではなくて、戦争のどさくさで、戦死したり捕虜にした士官クラス軍人のポケットから奪ってきた手帳とかメモの類《たぐい》が大部分です。なにしろ軍事目的ですから。ある資料の中には、小さな手帳で、ボロボロで、全体がどす黒くなっていて、初めは何かわからなかったのですが、ページをめくっていくと、ページごとそのどす黒いものがボロボロ崩れるのです。どす黒いものは血だったのです。血が腐食して変色して、ベッタリこびりついていた。そういう手帳もありました。戦車の轍《わだち》のついた土くれが全体にこびりついているような、そんな文書も整理されずに段ボール箱にダーッと入れてあって、アメリカは押収したとおりの順序で箱に放り込んで運んできたわけです。

井沢　段ボール箱は、基本的に時系列に並んでいるのですか。

萩原　だいたいはそうなっていますが、基本的には、奪ってきたままの乱雑な状態であるのです。たとえばどこかの都市を占領して、その地域の共産党の地区委員会などがあるとしたら、そこにある文書を全部持ってくるなどしています。それらが、奪ってきた順にあるのです。

井沢　手帳なども全部朝鮮語ですか。

萩原　全部、完璧なる朝鮮語です。

井沢　そういうものを、たとえば図書館でやるように、一枚一枚写真を撮《と》ったり、カードをつくるなどという作業はしていないのですか。

萩原　それはやったら大変でしょうね。スタッフだけでも何百人といるでしょう。

井沢　逆に、公文書館に行くと、開いたら崩れるような生々《なまなま》しい資料でも、誰でも見せてもらえるのですか。

萩原　全部見せてもらえます。

井沢　それは特にジャーナリストとか、学者ではなくても。

萩原　私がただ行っただけで大丈夫でした。事前の予約も、紹介者も、資格も証明書もいりません。日本だったらうるさいでしょうね。アメリカでは申込書を書いただけで、あとは何でもOKです。それで「シャトルバスが一日四回あって、次は何時何分に出るから、あれに乗りなさい」と。本館はワシントンのど真ん中にあるのですが、目的の文書はメリーランド州にあって、本館からシャトルバスで四〇分ほどのところにあるのですね。そうしたことも、親切に案内してくれる。

そこでオーダーを出して、私は一から全部読もうと思ったのです。たとえば一日段ボール一〇箱ずつと目標を決めて、段ボール箱といっても小ぶりのものですが、それを読みはじめたのです。といっても『スターリン全集』など、同じものが二十巻も出てきたりする。こんなものはいちいち見る必要もないから、飛ばす。

ところが、たまたま『スターリン全集』の中に挟まれてあったメモ書きが大事な証拠文書だったということもあって、全然見ないで飛ばすというわけにもいかない。ですから一応は全部めくっていくしかない、と。

井沢　その押収された文書というのは、アメリカのほうは精査していないわけですね。

萩原　まったくしていません。そもそもアメリカ人にはできません。

井沢　朝鮮語を読める人の数が足りないですね。

萩原　朝鮮戦争のときには、情報部の在米韓国人は当然、読みますね。だから戦争目的に使えそうなものはダーッと見た形跡はあるのです。けれど研究者のために取ってきたわけでもないですから、そんなことでもう乱雑なものなのです。いまはもう少し整理されているそうですが、私が行ったのは二〇年前ですから。

目録はないし、どこに何があるのか見てみないとわからないというような調子でした。でも、当時の私は、時間はたっぷりありましたので、アホみたいに一から全部めくっていったのです。そうしたら、一〇〇箱見るだけで半年かかったのです。一日一〇箱どころか、一箱も読めなかったのです。でも一三五〇箱だから、一〇年近くかかってしまうとわかった。愕然《がくぜん》としまして、それからはもう少しスピードアップしました。

ところが、行けども行けどもがらくたばかりで、ろくな資料はないのです。あるわけないじゃないですか。本当に重大なものは、やはり先に機密文書に入ってしまっていて、もう公開しないのです。考えてみれば当たり前ですよね。

私は結局、落穂拾い的に集めて、しかもその中でもきわめて重要なものをコピーして、上、中、下の、三巻、一五〇〇ページにまとめて『北朝鮮の極秘文書』と題して公刊したことがあります。落穂拾いとはいっても、なかには朝鮮人民軍第六師団の詳細な南進計画書や、人民軍総参謀部の極秘の命令なども含まれています。これによって、朝鮮戦争を仕掛けたのが北朝鮮であることが、完璧に証明されたのです。この本を見て、感きわまって突然泣き出した韓国人もいまして、それほど貴重なものなのです。

井沢　たとえば、本のなかに挟まれていた重要なメモというのは、どういうものですか。

萩原　いま述べた極秘の命令書のほかにも、いろいろあるのですが、こんなことがありました。井沢さんはご存じと思いますが、北朝鮮というのは異常な国でして、金《キム》日成《イルソン》がつくったわけではありません。金日成という実在の人物がいて、伝説的英雄であったことは確かなのですが、ソ連が金成柱《キムソンジュ》という若造を連れてきて、これに金日成になりすましをさせて、北朝鮮に指導者として押しつけたというのが真相です。建国の時点で、大きな詐欺から始まっているのです。

そのことの証拠隠滅のために、一九四五年の八月十五日から、彼が実権を掌握して北朝鮮臨時人民委員会という事実上の政府をつくる一九四六年の二月八日までの約半年間、完璧に証拠を隠滅しているのです。何一つないのです。

井沢　焚書《ふんしょ》したのですね。

萩原　焚書です。

井沢　書類も全部焼いてしまった。

萩原　ええ、全部。何一つないのです。党機関紙もないのです。「正路《ジョンノ》」という機関紙ですが、そういうものもまったく残っていない。ところが、公文書館である本を見ていたら、本の中にその類《たぐ》いの資料が挟まれていたのです。一番早いのは、一九四五年八月三十日「偉大なる赤軍がついに平壌に入場する」という布告です。朝鮮共産党再建準備委員会ソウル支部が出したビラなのです。これは貴重きわまりないものです。一九四五年八月三十日、朝鮮共産党が北部朝鮮においてもこういうふうに活動していた、という歴史的証拠になるのです。そういうものが四三点出てきたのです。だからおろそかにできないのです。

井沢　なるほど。その昭和二十年八月十五日から翌年の金日成の実権掌握まで、その間の資料というのは、旧ソビエト側にはないのですか。

萩原　それが最近、党機関紙「正路」が、吉林《きつりん》省の大学に一点と、もう一つ、ごく最近ですが、モスクワのある研究所が持っているということがわかりました。一号から百何号まで出ているのですが、それを私はどうしても復刻したいのです。

要するに傀儡《かいらい》である金日成を使って、ソ連が朝鮮共産党北部朝鮮分局という地域組織を掌握し、それがだんだん母屋となり、金日成が北朝鮮の全権を掌握して、南にあった本来の朝鮮共産党の委員長（のちに朝鮮労働党中央委員会副委員長）だった朴憲永《パクホニヨン》という人を、一九五六年に処刑するわけですが、こうした暗部も、その「正路」を見ればだいたいわかると思います。そこで私は、吉林で入手できれば吉林で、できなかったらモスクワへ行こうと、こんな計画をしています。

(3) 朝鮮学校はいま

朝鮮学校の生徒数と国籍の割合とは

井沢 朝鮮学校の基本的なことをお聞きしたいのですが、現在、朝鮮学校で学んでいる生徒の数はどれくらいなのでしょうか。

萩原 朝鮮学校の在校生の数は、日本全国にある小、中、高、大学校全部を合わせて七〇〇〇人を割ったといわれます。朝鮮学校自体が秘密組織のように実数を公表しませんので、あくまで推定ですが、かつて三万五〇〇〇人いたのが、いま六九〇〇人ぐらいになっている。ということは、かつての五分の一に減っているということです。

統廃合は頻繁で、生徒は一クラスといっても二〇人ぐらいしかいないのです。

ところで朝鮮学校は今回の無償化とは別に、以前から全国の地方自治体から補助金と称するお金を受け取っていて、その額は全国で約八億円なのです。ちなみに、授業料無償化が行なわれた場合、国から支給される額は二億円弱といわれますから、その四倍にあたります。ところが無償化の議論が起こって、この補助金を凍結する自治体が続出しています。東京都は、一億三〇〇〇万円前後ですが、二〇一〇年に石原都知事は全額カットしました。だから東京の総連は、大きな痛手だと思いますね。高校は二〇〇〇人前後といわれます。

それで国籍の割合も、韓国籍が増えているというので、八対二の割合だと言っていました。

井沢　北が八ですか。

萩原　北が二です。

井沢　北が二なんですか。

萩原　そうです。北が二で、韓国が八なのです。だから朝鮮学校といいながら、実質は韓国学校、でも教科書はこのように北でつくったお墨つきのものを使っています。

一九四八年に大韓民国、朝鮮民主主義人民共和国ができた当初は、在日朝鮮人の国籍の割合は、北朝鮮が九、韓国が一でした。それが日韓基本条約締結の六五年に逆転します。日本もそのあたりを考慮に入れて韓国籍の取得者には「特典」を与えるわけです。役所に行っても韓国籍だとスムーズにいくけれど、北朝鮮籍だったらいちいち目的は何かと問いただしたり、嫌がらせに近いことをやるとかですね。パスポートにしても、韓国籍と北朝鮮籍では、得られる恩恵に大差があります。それで九対一が八対二になり、七対三になり、日韓条約のころは五分五分ぐらいになりまして、それからはずっと、韓国籍が増えつづけています。

井沢 学校の外ではどれぐらいなのですか。

萩原 ほとんど同じですね。朝鮮学校の生徒の国籍が、韓国が八ないし八・五、北朝鮮が二ないし一・五です。それで世間でも韓国籍が九、朝鮮籍が一。だからその比率を、そのまま学校が反映しているわけです。

井沢 韓国側には朝鮮学校に当たるような教育機関がないわけですか。

萩原　いいえ、東京と大阪にあります。東京は東京韓国学校、大阪は建国学校というのです。

井沢　そこにはあまり行かないのですか。

萩原　なぜか、親が韓国学校に行かせたがらないのです。日本の学校がいいということは在日朝鮮人の親たちはよく知っています。先生も水準が高いし、日本の学校に行けば大学受験資格が得られるでしょう。優秀な子は医者や弁護士になるわけです。歯科医、歯科助手を目指す子どももたくさんいます。そこまでいかない子でも、国家試験を受けるチャンスはたくさんあるのです。看護師しかり、介護士もそうでしょう。それから不動産鑑定士とか、弁理士、公認会計士とかいろいろな国家資格があります。そういうものを取っておくと、朝鮮人だからという差別から、かなり逃れられるということを親が知っていますから、日本の学校に行かせるのです。

言葉は韓国に留学させればすぐに覚えるから、小学校一年生から朝鮮語を学ぶ必要はない。日本の学校に行かせて、あとは韓国に留学するなりさせればいい、という考えの持ち主が、韓国系の人には圧倒的に多いのです。

なぜ、韓国人が朝鮮学校に行くのか

井沢　そうしますと、そういう韓国人の親の中で、わざわざ朝鮮学校に行かせるというのは何か理由があるのですか。

萩原　それは国籍を移して韓国人とはいっても、実質は北朝鮮人という人、いわば偽装韓国籍者がたくさんいるからなのです。朝鮮総連系の活動家の人は朝鮮国籍を変えませんが、北朝鮮出身でも、総連系でない人は便宜上、韓国籍にしてしまう。でもアイデンティティーはあくまでも北朝鮮という人は、まだまだ多い。

私のある友人は、ずっと朝鮮総連にかかわっていて、国籍も朝鮮で、自分もそれが当たり前だと思っていたところが、専門学校のパソコンか何かの先生になって、修学旅行で学生たちを連れて香港《ホンコン》に行ったら、自分だけ入管で二時間足止めされた。入国目的は何か、などといったことをいろいろ聞かれた。その間、二〇人ほどいた子どもたちをみんな待たせてしまって、とんでもない迷惑をかけたから、これからはもう韓国籍に切り替える、と言っていました。そういう事情もあるのです。韓国のパスポートならすんなりと入国させてくれる。

不動産を借りるときも、「韓国籍ですか、韓国の方だったらいいですよ」となるけれども、朝鮮籍だったら、借りられないということがあります。北朝鮮＝スパイとか、工作員とかという頭が不動産屋の主人にもありますから。

井沢　一般銀行からの融資もそうですか。

萩原　一般銀行の融資もやはり意地悪をされるのではないでしょうか。

井沢　だから彼らのための銀行のようなものがあるのですか。

萩原　それは相互扶助でつくったのです。あの当時は日本の差別はきつかったですから、朝鮮人には金を貸さない、朝鮮人には家を貸さないというのが公然とありまして、それを打破するために相互扶助的な朝銀信用組合というものができた。その恩恵に浴していたのが金日成や金正日で、彼らが乗り出してきて自分らの資金源にしたために、めちゃくちゃになりました。だけど、元はよかったのです。

朝鮮学校も、元は子どもたちが掘っ立て小屋のようなところで勉強していて、それを見かねた日本人がわれわれも手伝うと言って、校庭でローラーを押したりして地ならしを手伝った。校舎が雨漏りして、子どもたちが傘をさして授業を受けていると、かわいそうだと言って、東京の大田区などは議会で決議して補助金をあげたり、屋根を葺《ふ》くお金を出してやったりした。麗《うるわ》しい日本と朝鮮の交流から始まっているのです。差別もあったけれど、逆に日本人もいろいろなことをしてあげた。私もローラーを引いた一人ですからね。

そういうものを悪用したのが、金日成と金正日《キムジョンイル》なのです。差別のために朝鮮人に金を出さないのはけしからん、と言って総連の人たちが押しかけたりした。「何を言うか、拉致《らち》した側が日本人に金をくれというのはおこがましい」という気持ちで、私どももやりあいました。

朝鮮学校は、なぜ「各種学校」なのか

井沢　朝鮮学校というのは、日本の国の中では各種学校という位置づけですね。ということは、専修学校というものとも、また違うわけですね。

萩原　そうです。違うのです。

井沢　各種学校というと、私たちのイメージだと、たとえば料理とか、自動車と

か、そういう実用の枠組みですね。

萩原　まったくおっしゃるとおりで、鍼灸《しんきゅう》、あんま、マッサージとか、料理とか、それらは全部各種学校なのです。

井沢　そうすると、各種学校というのはそこを出ても、上級学校に進むパスポートは当然ないわけですよね。

萩原　そうです。資格にはならない。ですから朝鮮学校の場合ですが、「卒業生に大学受験資格を与えろ」という要求がずっと出ていまして、最近はかなりの大学で認めているのではないでしょうか。

井沢　大学が個別に認めているのですね。

萩原　個別に認めています。朝鮮学校でも、優秀な子はいっぱいおりますから、そのまま日本の大学にすっと通って、すっと弁護士になったり、医者になったりという子どもも、最近はけっこう出てきています。

井沢　親として、なぜ息子や娘を朝鮮学校にやるかというと、昔は娘にチマチョゴリを着てほしいなどという話を聞きましたが、いまでも、そのようなことがあるのでしょうか。

萩原　それもありますね。それと一世のころは、二十代のときに向こうから来るでしょう。ですからやはり家の中の会話は全部朝鮮語です。そうするとその子どもである二世たちは、親から聞いていて朝鮮語がみなわかるのです。それに二世は生まれたときから日本に住んでいるから日本語もわかる。ところが三世になってくると、家庭内で親が朝鮮語をしゃべらないとなると、怪《あや》しくなってくる。その下になると、なおさらです。

そうすると「おまえ、何でそんなことも知らんのだ」と言って、一世、二世の年輩者は怒るのです。「もっと勉強せい」と言う。一世はやはり祖国との一体感というのが非常に強いですから、それを子、孫の代にも受け継がせたいというので、戦後まもなく朝鮮学校をつくったのです。それを日本人が支えたという面はありました。

井沢　そうすると、なかなか時間的には難しいかと思いますけれど、日本の学校に行って、なおかつ朝鮮学校に行くという人もいるのですか。

萩原　日本の学校に行って、なおかつというのは、物理的に難しいですね。ただ、かつて一九四八年（昭和二十三年）から五二年のサンフランシスコ講和条約発効までの間、米占領軍によって朝鮮学校が全部閉鎖されたことがあったのです。そのときに、大阪に西今里《にしいまさと》中学というのがあって、そこは校長だけが日本人で、生徒は全員朝鮮人という特殊な学校でした。そういう学校もあったのです。

実質は大阪市立の朝鮮中学校ということで、内部には日本人の教員もいるにはいましたけれど、十対一ぐらいの割でしたか、五〇人いたら五、六人だけ日本人という感じでした。そこでは「国語」といわずに「日本語」といっていましたが、校長と日本語の先生だけが日本語を話し、あとは全部朝鮮語で授業をやっていた。私がかつて定時制高校で机を並べた子も、西今里中学の卒業生で、朝鮮語は非常にうまかったです。

カリキュラムはどうなっているのか

井沢　文科省の指導要領との兼ね合いとか、カリキュラムはどうなっているのでしょう。

萩原　カリキュラムは門外不出で絶対に見せないのです。日本で以前、橋下《はしもと》大阪府知事（当時）が大阪朝鮮高校に行きました。すると、まったく普段とは別のカリキュラムを持ってきて見せるのです。平壌の観光ツアーと同じです。偽装するのです。それはもう秘密組織です。表面的には「こんなふうにやっています、日本と同じです」と言いながら、実態は見せない。

井沢　各種学校の認可は自治体ですから、文科省ではなくて、自治体の首長にとりあえず許認可の権限があるわけですね。

萩原　各種学校は全部自治体の管轄下にあります。朝鮮大学校にしても、あれは東京都の認可なのです。美濃部《みのべ》さんのときに認可しました。いま各種学校のことを言われたのでちょっと申し上げますと、各種学校ではなくて、なぜ専修学校にならないのかといえば、専修学校では、一応カリキュラムを日本の国が決めるからなのです。

井沢　文科省で、ですね。

萩原　その点、各種学校だったら、料理学校と同じで、何でも自分たちで好きに決められる。

井沢　つまり、各種学校のままのほうが都合がいいわけですね。

萩原　そうなのです。それで専修学校にもしない。まして、いわゆる「一条校」でもありません。「一条校」というのは学校教育法第一条にあるように、小学、中学、高等学校、大学、幼稚園を学校という。学校の定義も「一条校」にならないと「学校」とはいえない。だから朝鮮学校も高級学校、中級学校といっていて、高校、中学とは言えないのです。中学校というのは学校教育法の「一条校」でないと名乗れない。だから朝鮮学校では、中学に相当するのが中級学校ということになります。大学はどうかというと、朝鮮大学校と「校」をつけて言っています。日本の大学とは違います。だから朝鮮大学とは名乗れない。

井沢　中華街にある中国人の学校も同じですね。

萩原　そうですね。横濱中華学院と言って、中学校とは言っていないはずですね。

麻薬の売買人、拉致《らち》の工作員を育てた朝鮮学校

萩原　ですから繰り返しになりますが、学校と言えるのは「一条校」だけです。

「一条校」になろうと思ったら、まず、日の丸、君が代を認めなければいけない。そしてカリキュラムが決められる。その上で政治教育をしてはならないというのが、教育基本法の十四条にあるわけです。そういうものが全部引っかかるわけで、朝鮮総連の方針に沿って自由にやれる各種学校のほうが都合がいいのです。みずからの利益のために各種学校の枠組みを選んだわけで、好き勝手にやっているのです。そこで麻薬の運び人としての思想教育などもやるわけです。

井沢　それは本当の話ですか。

萩原　朝鮮学校の卒業生のなかから、麻薬の運び人が出ていることはたしかです。実際に麻薬の運び人で摘発された人のことを、私どもの雑誌である「光射せ！《ひかりさ》」の第5号で川人博《かわひとひろし》弁護士が書いています。一九七八年にヘロイン密輸事件というのがあり、朝鮮学校で教師が生徒にやらせたのです。それどころか、拉致幇助《ほうじょ》は朝鮮学校を出た人間の存在なくしてはありえない。たとえば日本の海岸線には、北朝鮮の接岸ポイントというのが八十何カ所あるらしいです。

井沢　北の工作船が、密《ひそ》かに着岸するための……。

萩原　向こうの船には親船がいて、ボートで深夜に来るわけです。それも闇雲《やみくも》に来て、どこへでも行くわけにはいかないのです。接岸ポイントを懐中電灯で案内したりするのは全部、総連の連中なのです。しかも一定の教育を受けて、現地から来た者に「こっちへ来い」と朝鮮語で連絡できる程度の学力のある、そういう連中の手引きなしには拉致などできません。

拉致をやるには、一人の人間を数年間は尾行しないといけない。対象の人物が毎日、何時にここを通るのか、そこまで調べ上げて、鳥取県米子市の松本京子さんはさらわれたのです。この道を通って六時に帰って来る。母親と夕食をとって七時からは近所の編み物教室に行っている。そのときは、この道を行くと近道である。それを全部調べ上げて、そしてその時間帯に工作員を待機させて、運んでいる。こんなことが、北から来た西も東もわからぬ工作員だけでできますか。

朝鮮大学校の役割とは何か

井沢　朝鮮大学校というのにも興味を持つ人がいると思うのですが、学生はどれぐらいいるのですか。そもそも朝鮮大学校はどこにあるのですか。

萩原　東京の小平《こだいら》です。

井沢　ここには何人ぐらい進学するのですか。

萩原　ここはいま、せいぜい五〇〇人か、それ以下ではないでしょうか。運営維持の限界とされる一〇〇〇人を大きく割り込んでいます。一九九〇年の時点では一五〇〇人いましたから、減りようは大変なものですね。かつては私も何度か呼ばれて、ちょっとしたレクチャーをしたことがあります。というのも、いまから四〇年前は朝鮮語を勉強している日本人は珍しかったのです。そこで大講堂に全校生徒が集まっている前で「この友人は日本人でありながら、わが国、祖国の言葉を熱心に勉強している誰それさんだ、パクスー（拍手）」と言うと、拍手がブワッとわく。そのとき一〇〇〇人ぐらい集まっていましたね。

井沢　たとえば、どんなお話をされたのですか。

萩原　私が「日本人の、いま紹介された者だ」と朝鮮語で話すわけです。「皆さんも一生懸命勉強して祖国の建設に頑張れ」とか、「われわれはわれわれで、日本で社会主義の社会を実現させるために頑張っているから、同志として頑張ろう」みたいなことを言うと、ウワーッと大拍手になるのです。
そんなわけで、「いまの話はよかったから、ぜひわれわれと一緒に食事をしてくれ」と言うので食堂に行くと、幹部たちが五〇人ぐらい集まっていて、ビールは出なかったけれども、ご飯を出してくれて、みんなと一緒に食事をしました。
井沢　キムチとか焼肉が出るのですか。
萩原　そうです。キムチとか、ちょっとした和《あ》え物とか。朝鮮風に金属製の器《うつわ》と箸《はし》で食べるのです。そんなことで、和《なご》やかにやったことも二、三度ありました。
井沢　現在の生徒数が五〇〇人程度というと、朝鮮大学校に進学するというのはすごいエリートというか、選ばれた者になるわけですか。
萩原　かつてはそうだったのです。非常に誇りにしてね。
井沢　朝鮮大学校を出れば、総連の幹部か何かになるのですか。
萩原　卒業生はみんな総連の幹部になるわけです。朝鮮大学校自体がエリート組織なのです。それとまた、やはり一定の指導的人材も必要でしょう。そういう人材をつくり出すのが目的です。しかし、朝大に行くことは誇りだったのですけれど、いまは行く人間がいなくて、パチンコ屋の息子とか、親が金持ちの学生ばかりで、バカ息子バカ娘の集まりだ、と悪口を言う在日の人もいます。朝大の学生の家庭教師をやっている日本人女性とたまたま知り合いになって聞いたら「もう、ろくなもんじゃない」と言って眉《まゆ》をひそめていました。それにいまは朝鮮大学校を出ても、朝鮮総連自体がもうめちゃくちゃでしょう。

井沢　地盤沈下ですね。

萩原　地盤沈下も甚《はなは》だしい。それでエリートといってもたかが知れています。そんなこともあって、全体に人気はない。行くのはどうしようもない子どもがほとんど。ただ大学卒という肩書だけで、同胞の間でちょっと威張《いば》れる。そんなわけで、パチンコ屋の親父が「おまえ、朝大でも行け」というふうなかたちで無理やり行かせる。それで女遊びはする、ベンツは乗り回すというよたった学生が多いというので、家庭教師の彼女は嘆いていました。

朝鮮学校の認可取り消しは可能か

井沢　いまお伺いして、各種学校のままでいると都合がいい理由は、よくわかったのですけれど、自治体の長が認可するわけですから、取り消されることもあるのですか。朝鮮学校の場合は、そういうことは絶対にないわけですか。

萩原　いままで取り消されたのは聞いたことはないですね。各種学校というのは、いまもおっしゃったように誰にでも運営できる学校です。認可制で、しかるべき部署に持っていけば、ポンと判子《ハンコ》を押してくれるわけなのでしょう。だから取り消す理由も特にないのではないですか。学校側が廃校届を出したら別ですが。

井沢　許可を出すのは簡単だけれど、取り消すとなると、ものすごい問題になりますね。

萩原　そうです。とりわけ朝鮮学校の取り消しということになると、大きな政治問題になりますので、これはやれないでしょうね。

井沢　いまはむしろ韓国系の生徒が多いということですが、北朝鮮がつくったこういう教科書で、やはり教育はなされているのでしょうね。

萩原　韓国系というよりも、先ほども述べましたが、朝鮮学校に通っている「韓国人」の多くは、便宜上国籍を変えているだけで、中身は北朝鮮人、つまり「偽装韓国人」です。韓国に工作員として潜入するためにも韓国籍を持っていないといけないという事情もあります。でも何よりも便宜性。韓国籍を取っているほうが何かと便利だということです。

それともう一つは、在日の中には南朝鮮出身者がけっこう多いですから、あちらに親戚がいるのです。祖父、祖母の兄弟がまだいるとか、お父さん、お母さんの兄弟や従姉妹がいるとか、故郷に墓があるとか。そうすると、どうしても、韓国籍を偽装している朝鮮総連支持者も、最近は、韓国に行く機会が多いわけです。

そういう連中に対して、昔は総連自身が「絶対に行くな。祖国統一をしたらいくらでも行けるから」ということで食い止めていたのですが、最近は行かせるようになったのです。そのせいもあって、国籍は韓国だけれど、頭の中は北という者も多くなっているのです。

井沢　それでは、朝鮮学校に行く生徒の数自体も減っていて、その中で北朝鮮籍の占める割合も下がっているけど、依然、実際はおおよそ北の人間という生徒もまだまだ多いわけですね。

このような教育を受けた子どもは、どうなってしまうのか

萩原　そうです。一割の北朝鮮籍はやはり、あくまで核心分子です。それはなぜかというと、先ほども言いました六〇年代の帰国運動というものがあって、一〇万人が北朝鮮に行きましたでしょう。向こうでは、いま三世、四世の代になっていて、四〇万人くらいの子孫がいるのです。もう一世はほとんど死にましたけれど、その子孫の連中がいる。彼らは北当局には脅されて、向こうで人質にされているのです。それで何やかや、金を送れとかと言ってくるわけです。

さらには、「朝鮮初級学校に、孫の何とかを今度行かせろよ」とか、「中学校に行かせるのだろうな」と催促してくる。「朝大に行かせろよ」と北にいる人質に言われて、それを断わったら、その人質に取られている人がどんな目に遭《あ》うのか在日の家族や親戚もよく知っているから、嫌々行かせている。

井沢　でも、中学生あたりになると自己判断能力もあるし、インターネットなどで日本の外の世界に行けば、朝鮮戦争はどちらが悪かったのかなどということは一目瞭然でわかるわけじゃないですか。その上で、学校でこういう変な教育を受けたら、やはり、おかしいとは思うでしょうね。

萩原　実は一九九八年（平成十年）に、在日の父母のある方々が「朝鮮学校教育の抜本的改善を求める総連への要望書」というものを出しているのです。

井沢　同胞の人が出しているわけですか。

萩原　その中の一節に、いま井沢さんがおっしゃったように、「二重人格をつくるのは子どもたちがあまりにもかわいそうだ」と書いてあります。先生の前では直立不動で教科書の通りに答え、一歩外に出たら日本社会の常識に従う。教科書では朝鮮戦争のことなど嘘ばかり教えられ、実は何が真実かということも知っている。そういう二重基準、ダブル・スタンダードを子どもに強要するのはかわいそうではないか、と。

井沢　まさにおっしゃるとおりです。

萩原　父兄が、「もうこんなことはやめよう、事実をありのままに教えようではないか」と、提言をしているのです。これは当然だと私は思いますね。

井沢　こういうことも知らないで、こんな教科書を使っている学校の学費をタダにしろと言っているわけですから、とんでもないですよね。

萩原　とんでもないことですね。

井沢　子どもたちも犠牲者ですね。

在日の人こそが「朝鮮学校を潰《つぶ》してくれ」と思っている

萩原　在日の父母たちが私たちに密《ひそ》かに言ってくるのは、「日本の先生方、頑張って朝鮮学校を早く潰してくれ」ということです。

井沢　でも、自分の親類縁者が人質に取られているから、表立っては言えない。

萩原　北朝鮮にいる人質が「朝鮮学校に行かせろ」と言っても、学校自体がなくなってしまえば、もう行かせるわけにいかないから、親は大助かりするわけです。

井沢　朝鮮学校に「行かせたくても行かせられません」と言えるわけですね。

萩原　行かせたいのは山々だけれど潰れてしまったから、日本学校に行かせるしかない。これは立派な口実でしょう。どの親も、いまは教育ママ、教育パパですよ。昔から朝鮮系の人は教育熱心なのです。朝鮮学校に行かせながら、夜は塾に行かせているのです。それで「大学は日本の大学に入れ。それで公認会計士とか弁理士とか、何とか国家試験を通れ」と子どもの尻を叩くのです。そうしたら生活が安定することを身にしみてわかっているし、差別も跳ね返せる。そういう思いがあるから「先生方、われわれも大したことはできませんが」と言って、私たちの運動に、わずかですがカンパをくれる在日の父母もいるのです。本当に涙が出ますよ。

井沢　そういう人の思いには応《こた》えないといけないですね。

萩原　余談ですが、実は今回の教科書の翻訳が出て、一番喜んでいるのは、朝鮮学校の生徒なのです。なぜなら、予習する必要がなくなったからです。原本の教科書は、当たり前ですが、全部ハングルで書かれています。在日の彼らにとって、日本語を読むのは何でもありませんが、ハングルを読むのは大変なのです。ハングルで教科書を二ページ読むのに、いまの子どもの水準だと、予習におそらく一時間かかりますからね。

今回翻訳に従事した連中も、「けっこう難しいのを教えているな」と異口同音に言っていました。そうすると予習しなければいけないでしょう。でも今回の翻訳が出たことで予習する必要がなくなった。

井沢　なるほど。朝鮮学校というものの実態を映《うつ》している話ですね。

二章　虚構の上に成り立った金日成《キムイルソン》の実像

（1）朝鮮の開国と近代化

金日成《キムイルソン》の架空の偶像づくりだけが、歴史教科書の目的

井沢　ここからは実際に教科書に記載してある事柄について、検証していきたいのですが、その前に、朝鮮学校の高校（高級学校）で使う歴史教科書の翻訳をなされた後で、なぜ中学（中級学校）の歴史教科書をつづけて翻訳されたのでしょうか。

萩原　事の発端が高校授業料無償化だったので矢も楯もなく、まず高校の教科書を翻訳したのですが、朝鮮学校は中高一貫教育が建前ですので、歴史教科書も中級・高級用の二つがずっとつながっており、中級用は、彼らの言い方では「祖国解放」となりますが、第二次世界大戦の終了までで終わっています。高級用はそれ以後の現代史、となっています。

ですから高級学校の歴史教科書には、一九四五年八月十五日以降の記述しかありません。朝鮮半島におけるそれ以前の歴史、つまり古代から近代までについては中級学校の歴史教科書を見なくてはわからないのです。

井沢　大きな問題の一つである、金日成《キムイルソン》の誕生、金日成神話の創造ということでいえば、中級学校の歴史教科書を読まないとその成り立ちがわからない、ということですね。

萩原　その通りです。中級学校の教科書は全部で1章から13章まであるのですが、「歴史」は二年生から始まり、二年生が1章から9章まで、三年生が10章から13章までを学びます。そのうち1章から6章までは古代、中世、近世、7章から13章までが近代史です。ただし今回の翻訳では、1章から6章まではカットしました。

高級学校の教科書はそもそもが「現代朝鮮歴史」と銘打っていますので、これはまったくの現代史です。だから中級と高級を合わせて、古代から現代までの一貫教育です。逆にいうと、高級学校の生徒は、戦後の歴史のみを三年間かけて学習し、それ以前のことはまったく教わらないということになります。

高級学校三年生の教科書などは、つい最近のことまで入っています。韓国の金大《キムデ》中《ジュン》大統領と金正日《キムジョンイル》が握手したのは二〇〇〇年の六月のことで、わずか一一年前ですが、これも記述されています。二〇〇二年の日朝首脳会談のことも書いてあります。

全体を通していえるのは、彼らとして一番教えたいのは、歴史というよりも、金日成の正当化だということです。金日成がいかに偉大な指導者であるかという架空の偶像づくりに、教科書というかたちを利用している。翻訳した私としては、そんな感じを受けました。

中級学校と高級学校で使われている歴史教科書の目次を見ていただければ、おおよその時代区分がわかると思います。中級学校一年では歴史は習いませんので、歴史教科書はありません。

目次の構成は、69ページと71ページに示したようになっています。

井沢　中学二、三年生の二年間のうち、二年生の前半が、古代、中世、近世、二年生の後半から三年生が近代。高校三年間は完全に現代史ということですから、相当に近現代に比重がかけられているのですね。これは、日本と逆ですよね。日本は近現

朝鮮学校「歴史教科書」の目次と構成（その1）

中級2（中学2年生）

第1章　わが国の歴史の始まり
第2章　三国の成立と発展
第3章　渤海と後期朝鮮
第4章　統一国家高麗
第5章　朝鮮王朝の成立と発展
第6章　朝鮮封建社会の変化
第7章　近代最初の時期の反侵略・反封建闘争
第8章　反日義兵闘争と愛国文化運動
第9章　日帝の「武断統治」と3・1人民蜂起

中級3（中学3年生）

第10章　1920年代の民族解放運動
第11章　1930年代の民族解放闘争の発展
第12章　祖国解放
第13章　1920年代―1940年代前半期の文化

高級1（高校1年生）

第1編　自主独立国家建設のための朝鮮人民の闘争（1945.8―1950.6）
❶解放後、新しい朝鮮が進む道
❷新しい朝鮮の建設
❸全朝鮮的な統一政府樹立のための闘争
❹解放後の在日同胞の立場と愛国愛族運動

第2編　祖国解放戦争（1950.6―1953.7）
❶戦争前夜の情勢
❷朝鮮戦争の開始と拡大
❸戦時期の在日同胞の状況と闘争
❹朝鮮人民の偉大な勝利

代、とくに現代は、時間切れになってほとんど授業で教えませんから、北朝鮮と日本とでは両極端です。

それはそうと、歴史というのは、過去に起こった事実を教えることで成り立ちます。たとえばアメリカならジョージ・ワシントンとか、モンゴルだったらチンギス・ハーンとか偉大な人物がいますが、そういう人たちは本当に民族の国づくりに貢献しているわけです。

ところが金日成はまったく貢献しないで、ソ連にかつがれて途中からひょいと出てきた人です。それをごまかすために書かれているという感じです。

萩原　金日成の抗日闘争史なるものは、全部中国共産党のためにやっていたわけです。中国共産党の満州省委員会の下にいたわけですから、すべて中国人民のためにやっていて、自国のためにはほとんど何もしていなかったに等しいのではないでしょうか。その後はソ連の傀儡《かいらい》になって北朝鮮に連れてこられた。

第二次世界大戦末期に「国際連合軍」というのが出てきますよね。何のことかと思ったら金日成が匿《かくま》われていたハバロフスクのソ連軍第八八特別旅団にいた中国人とロ

朝鮮学校「歴史教科書」の目次と構成（その2）

高級2（高校2年生）

第3編　新たな戦争の危機を除去し、共和国での社会主義の基礎建設と南朝鮮での民主化のための闘争（1953.8－1960）

❶朝鮮で続く戦争の危険
❷社会主義基礎建設のための共和国人民の闘争
❸民主と統一のための南朝鮮人民の闘争
❹朝鮮戦争後の在日同胞の愛国愛族運動

第4編　外国勢力の圧力と再侵略策動を退けて、共和国で社会主義工業化を実現し、南朝鮮での軍事独裁に反対する闘争（1961－1969.1）

❶国際舞台における新しい変化と朝鮮半島
❷社会主義工業化を実現するための共和国人民の闘争
❸軍事独裁と「韓日会談」に反対する南朝鮮人民の闘争
❹1960年代の在日同胞の愛国愛族運動

第5編　「二つの朝鮮」でっちあげ策動に反対し、共和国で全社会の主体思想化を実現し、南朝鮮で「維新」独裁に反対する闘争（1970－1980）

❶国際的な「緊張緩和」と朝鮮半島
❷全社会の主体思想化を実現するための共和国人民の闘争
❸「維新」独裁に反対する南朝鮮人民の闘争
❹1970年代の日本の状況と在日同胞の愛国愛族運動

高級3（高校3年生）

第6編　政治・軍事的な緊張状態を解消し、共和国での朝鮮式社会主義の強化と、南朝鮮での自主、民主、統一のための闘争（1980－1989）

❶「新冷戦政策」と朝鮮半島に作りだされた情勢
❷朝鮮式社会主義を強化するための共和国人民の闘争
❸自主、民主、統一のための南朝鮮人民の闘争
❹1980年代、在日同胞の愛国愛族運動
❺連邦制統一を実現させるための闘争

第7編　民族の尊厳と自主権を守り、共和国での強盛大国の建設と南朝鮮での反米自主、民主化のための闘争（1990－　　）

❶「冷戦」の終息と鋭い対決の場となった朝鮮半島
❷強盛大国建設のための共和国人民の闘争
❸反米自主、民主化のための南朝鮮人民の闘争
❹1990年以後、在日同胞の愛国愛族運動
❺我が民族どうし、祖国統一を成しとげるための闘争

シア人と、それから朝鮮人の一部ということです。それを「国際連合軍」という言い方をしていたのです。

井沢 教科書全体から受けた印象のもう一点は、日本を悪者にしているということです。徹頭徹尾、日本というのが悪い。これは韓国の教科書も共通するものがあるけれど、ずっと独立国だった朝鮮の自主性を日本が己《おのれ》の欲望で踏みにじって、その後も圧政を繰《く》り返して何の貢献もしていない、という恨《うら》みで貫かれている。これを読んだら日本嫌いになるのは当然ですね。

書いてあることがどこまで本当かわからないですけれど、というのは、いろいろともっともらしい数字、資料が出てくるのですが、いっさい出典が記されていないのです。原著にも出典は書いてないのでしょうか。

萩原 翻訳は原著どおりにやっています。原著の注も全部そのまま生《い》かしてあります。だから翻訳本に出典の記述がないものは、原文にもなかったことになります。

井沢 どういう資料から取ってきたということがまったく記されていないわけですね。

萩原　図表や統計の数字に関してはないですね。

井沢　それから金日成のことを言うのに、途中から「わが敬愛なる」とか、必ず冠《かんむり》がつくようになってくるのですね。

向こうの公式な文書でそういう冠がつくのは、ある日突然そうなるのですか。

萩原　これはいろいろ変遷があるのですが、一番長々しいのを入れ始めたのは一九七二年の彼の六十歳の誕生日を前にした一九六九年ごろから、「絶世の愛国者であられ、民族的英雄であられ、百戦百勝の鋼鉄の霊将であられ、国際共産主義運動と労働運動の卓越した指導者のお一人であられる、四千万朝鮮人民の偉大な首領金日成将軍様」と四つも冠がつくのです。金日成首領様という前にこの四つの美辞麗句をつけねばならない。まるでジュゲムジュゲムゴコーノスリキレという落語顔負けの長い修飾語です。

井沢　その四つのフレーズは、六十歳の誕生日に突然。

萩原　六十歳の還暦の少し前からです。そのころから始まった神格化が頂点に達するのが一九七二年、彼の六十歳の誕生日なのです。一九七二年のことですが、私はちょうどその年、赤旗特派員として平壌に赴任しました。北当局は私に「われわれは漢字を全廃した。だからちょうせん（朝鮮）という言い方はやめてくれ。チョソンと言え」と言ってきたりしました。「日本ではチョソンなんて言わない。朝鮮と言うんだ」と反論すると、「いや、国の方針だからこうやれ」と言うので大げんかをしたことがあります。

井沢　日本人に、「国名をカタカナでチョソンと書け」と言うわけですか。

萩原　そのときは、「キム・イルソンも金日成ではだめだ。カタカナで発音どおりキム・イルソンと書け」というふうな干渉までしてきた。それで私がたまたま国際ホテルに行ったら〈The Democratic People's Republic of Korea〉とある。英語表記が〈オブ・コリア〉でなくて〈オブ・チョソン〉だったら、私も納得します。「英語ではちゃんとコリアと言っているじゃないか。フランス語で見てもクリエとか何とか言って、チョソンと言わせていないじゃないか。なぜ日本にだけ『チョソンでやれ』と干渉するのか」と、がんばった。最初に乗り込んでいったときから向こうの態度がおかしかったので、こっちもそれなりにガンガンやったわけです。それで、案内人と称する監視人とほとんど毎日けんかです。
非常に偏狭な民族主義が露骨になり、しかも押しつけようとしていたのは、七二年がピークだったのではないでしょうか。逆にいまは、自分たちで書いてくる文書にも、外国図書にはちゃんと朝鮮という漢字を使っているし、私の言ったとおりになっているのです。七二年という年は本当に異常な年だったと、私は思います。

朝鮮半島の近代化が遅れた本当の理由

井沢　ハングルも、北朝鮮ではハングルと言わないですよね。チョソングルという。

萩原　これは訓民正音《くんみんせいおん》と日本語に訳されるものです。朝鮮語ではフンミンジョンウムです。

井沢　一番古い言い方ですね。

萩原　十五世紀の世宗《セジョン》の時代以降にそうなったという意味で、訓民正音といいます。「ハングル」というのは韓国の言い方ですね。

井沢　私は朝鮮語が全然わからないけれど、ハングルの「ハン」は大韓の「ハン」と同じなのですか。

萩原　偉大という意味ですから、そうなります。

井沢　それは韓国人にとっては聞こえがいいわけですね。

萩原　漢字の難しさから人民を解き放ったという世宗大王はやはり偉大な人だったと、私は思うのです。しかもハングルは、非常に合理的な文字です。日本語のカタカナで書くと、同音異義語の区別がつかない。たとえばコウサイというのは、「交際」もあれば、「公債」もある。ハングルだとそうしたことは起こらない。

井沢　それは確かにそうですね。ただそのことで「日本のカタカナ、ひらがななんて大したことない。ハングルのほうがすごいんだ」とおっしゃる、韓国、朝鮮の方がいるのでちょっと反論しておきます。

まず世宗みたいな立派な大王がいなくても、日本はその前から勝手に民間がカタカナ、ひらがなをつくってしまっているのです。つまり、便利なものをつくろうという発想がある。

逆に言うと、ハングルは王様の命令でつくられたのだから、たしかに発音などが整理されていて合理的です。最初から意図的につくられたものですから、当然のことなのです。それができるのが日本に比べてすごく遅かったということが問題ではないかと、私などは思うわけです。

萩原　日本に漢字が入ってきたとき、漢字は字画が多いから核になる部分だけを取ってカタカナができ、そのうちにひらがなが生まれるというふうになっていくわけですね。

井沢　もう一つは、世宗がそれをつくったときに、重臣たちがかなり反対しているのです。「民衆にそんなものを教える必要はない。われわれは中国のちゃんとした文化を学んでいるのだから、そういうものをつくるのはおかしい」と。そうした反対があったということを、朝鮮民族は自分たちの子孫に教えていないですよね。

支配者層のそういう考え方が根強かったから、ハングルができるのが遅かった。大王の英断がなければできなかったんだということは、やはり知っておいてほしいと思います。

萩原　ハングルができたあとも、支配階級のなかには「ハングルのようなものは民《たみ》百姓の使うものであって、われわれ知識階級はちゃんとした漢字で文章が書けなければならない」という意識が根強くあって、なかなか普及しなかったわけです。

井沢　たしかに日本人も漢字を正しい字（正字）といい、仮名を仮の字ということはありましたけれど、すぐに天皇も一般庶民も、同じ字を使うようになったのです。そのあたりが、儒教の強い影響を受けた朝鮮文化と日本文化の違いだと思います。ハングルを使った民衆文学もあるにはあったけれど、一方でオンムン（諺文）とばかにされていたので、ハングルはなかなか市民権を得られなかった。むしろ、「ハングルを掘り起こし、朝鮮人に学ばせたのは統治時代の日本人だ」という説もあるのです。

萩原　韓国の国民文学は、『春香伝《しゅんこうでん》』などもみな漢字交じりのハングルで書かれていました。

井沢　そもそも小説という言い方は、儒教の見方によっていて、小さな説ということで、ばかにした言い方なのです。人間にとっては、正しいこと、正確なことが尊いのであって、小説は嘘八百を並べ立てたとんでもないものである、とされています。だから儒教文化圏では、小説というものがなかなか発達しない。日本は完全な儒教文化圏ではないので、『源氏物語』、『万葉集』なども、どこの国よりも早く成立した。これは文化の特質の違いだから、どちらが優《すぐ》れているという問題ではないと私は思いますが、朝鮮半島の人はそうは思いません。

カタカナ、ひらがなに比べてハングルは非常に合理的で、利点があることはたしかです。けれども、だからハングルが優れているんだというような一面的な見方しかしないのは、非常に問題だと思います。

萩原　私もずっと朝鮮語を学んできて、ハングルはとても覚えやすい。そういう点では画期的な発明といってもいいと思います。漢字を借りたのではなくて、ハングルの文字そのものは独特です。

井沢　日本の仮名というのは自然発生的にできたものですが、ハングルは世宗がつくらせたもので、明らかに作者がわかっている。そういう明確な違いがあります。

萩原　何百人もの優れた言語学者がいろいろ論争しながら作成し、世宗大王様が発表したものですね。

井沢　そういう意味では世宗はプロデューサーであって、発注してつくらせているわけです。

萩原　歴代の王様の中でも、世宗大王はきわだった存在で、お札にもなっています。ソウルへ行ったら世宗路という大通りがあり、世宗文化会館という大きな建物が中心街にある。韓国人が一番尊敬し、親近感を持っている大王ですね。

井沢　近代的な、民衆の視点で言えば圧倒的にそうでしょうが、当時は世宗のやることを大いに批判した貴族階級や保守派がいたということは、歴史の勉強としては認識しておいてほしいと思いますね。そのことは韓国にも、北朝鮮の教科書にも書かれていません。

日本という国は儒教的な独善性からはかなり免《まぬが》れていたので近代化しやすかったけれど、朝鮮は先祖の決めたこと、服装とかそういうのはすべて変えてはいけないという儒教的抵抗感が非常に強かったので、なかなか近代化できなかった。そう言うと、それは日本人が植民地支配を正当化する考え方だと向こうの人は言うけれど、そういうことは明白にあったと思います。

「独立門」は、日本からの独立を記念したものではない

井沢　それでは、中級学校の歴史教科書をざっと読んでいきましょう。

近代になって日本と朝鮮は、両方とも儒教の影響を受けて外国を排除しようとしました。朝鮮は大院君《だいいんくん》の時代に米国を追い払うことに一度は成功しているのです。これが日本との大きな違いで、日本はペリーが来てはっきり言って腰を抜かした。

> 19世紀中葉、わが国に対する武力侵攻の先頭を切ったのは米国侵略者たちであった。
>
> 米国侵略者たちは1866年7月（陽暦8月）、**「シャーマン」**号を朝鮮に侵入させた。「シャーマン」号は大同江をさかのぼって侵入した。平壌監営の役人が、わが国では外国との貿易は禁止されているから帰れと言ったが、奴らは万景台付近まで入り込み、あらゆる蛮行を強行した。米国侵略者たちは平壌監

営代表との会談においてコメ千石と多くの金・銀・ニンジンを差し出せと脅迫した。そして、羊角島付近まで侵入し、略奪と殺人・蛮行を強行した。

憤激した平壌城の軍人たちや人民たちはこぞって立ち上がり、7月24日（陽暦9月2日）、木を積んだ多くの船に火をつけて「シャーマン」号の方に向かわせた。「シャーマン」号は麻束のような火柱に包まれ、大同江に沈んだ。（中級2－5P）

井沢　それ以前に日本も、帆船でビットル提督が来たときは追い払っています。ペリーは「日本を開国させるためには蒸気船でなければだめだ」と頑強に主張して蒸気船でやって来た。それはペリーの先見性でした。アメリカ人のペリーから見るとアメリカから見た地理上の順番は日本、朝鮮、中国ということになり、イギリス側から見ると手前が中国で、その先が朝鮮、そのまた先が日本だった。
だからイギリスの優先順位は、当然中国が先になります。アメリカは西海岸まで国土がつづきますので、前に広がる太平洋を渡るとまず出くわすのが日本です。そこの

朝鮮学校「歴史教科書」関連年表①（1866年～1945年）

西暦	事　　項
1866	開国を迫った米艦「シャーマン」号を朝鮮が大同江で撃沈
1876	日本との間で「江華島条約」締結
1884	金玉均ら開化派による「甲申政変」起こるも失敗
1894	「甲午農民戦争」をきっかけに日清戦争勃発
1896	「独立協会」創立。「迎恩門」を破却し、独立門を建設
1904	日露戦争勃発。日本が朝鮮からロシア勢力を放逐
1910	日本が韓国を併合。朝鮮側は李完用が協力
1911	日本が「朝鮮教育令」を公布
1912	４月15日　金日成誕生
1919	反日独立を目指した「３・１民族蜂起」勃発
1920	「朝鮮日報」「東亜日報」創刊
1923	金日成12歳、「学びの千里の道」を歩き、学校に通う
1925	金日成、万景台より「光復の千里の道」を歩いて中国へ
1926	金日成、「打倒帝国主義同盟」結成
1927	金日成、朝鮮共産主義青年同盟を組織
1930	金日成、建設同志社を組織、朝鮮革命軍を結成
1932	金日成　反日人民遊撃隊を創建し、南満地方へ進出
1934	金日成、反日人民遊撃隊を、朝鮮人民革命軍へと編成
1936	金日成、師団を率いて白頭山一帯に進出
	５月、金日成、「祖国光復会10大綱領」宣言を発表
1938	朝鮮教育令改正。ハングル教育禁止
1939	日本が「創氏改名」を公布
1942	ソ連が、中国、朝鮮で、国際連合軍を創設
	２月16日　白頭山の密営で、金正日誕生
1945	８月15日　日本の敗戦により、解放

（事実関係の検証なしに、教科書の記述どおりに作成）

ところで日本に対する腰の入れ方が違ったということがあると思います。

だからこそ、日本はアメリカに対して怯《おび》えた。それに対して朝鮮は、一度は撃退したので、ちょっと自信をつけてしまったというところはあると思います。そこが開国史における大きな違いです。

ただ、そのあと問題なのは、韓国、朝鮮両方の教科書に共通している問題ですが、〈われわれはずっと独立国であった〉としていることです。にもかかわらず日本という悪い国がその独立を侵《おか》したのだ、としているのです。

反日義兵闘争とともに愛国的知識人によって**民権運動**が活発に繰り広げられた。

愛国的知識人たちは近代的な政治団体を組織し、人民たちを目覚めさせ、愛国心を呼び起こすための活動を積極的に繰り広げた。1896年7月、**李商在**、**南宮檍**をはじめ愛国的知識人たちによって、ソウルで最初の近代的な政治団体である**「独立協会」**が組織された。

「独立協会」は「迎恩門」を打ち壊し、その場所に**独立門**を建て、「慕華館」を独立会館と名前を変えた。これが人民の民族自主精神を呼び起こす上で助けになった。「独立協会」はまた、国文で書かれた**「独立新聞」**を発刊し、日帝の侵略を防ぎ、国の独立を守るための精神で人民を啓蒙し目覚めさせた。（中級2－21Ｐ）

독립문

「独立門」
（「中級２」の教科書から）

井沢　これはあきらかに歴史の捏造《ねつぞう》です。

大清皇帝功徳碑《だいしんこうていくどくひ》というのがあります。一六四〇年代、大陸で明《みん》が清《しん》に負けてしまいますが、清というのは北方異民族の国家で、儒教からいうと野蛮人です。当時の朝鮮国王は明を支持しました。明が清に滅ぼされた後で清国が攻めてきて、朝鮮国王は降伏したわけです。

それを受けて清は、「おまえたちは愚

かなことをしたけれど許してやろう」ということで、ソウルのど真ん中に碑を建てたわけです。ばかなおまえたちが逆《さか》らったけれど、清国皇帝はそれを鎮圧し、寛大にも許してやった、ということなのです。要するに侵略した側が朝鮮を屈服させたことを自慢げに書き連ねたものなのです。

いまある独立門が建つ以前にあった迎恩門《げいおん》は、清国の人たちが乗り込んで来たときに、朝鮮の王に屈辱的な三跪九叩頭礼《さんききゅうこうとうのれい》といって、三回額をこすりつけるということを三回繰《く》り返させ、合計九回やらせた場所です。

ところが、日本が日清戦争に勝つことによって下関《しものせき》条約の第一条で、朝鮮国の独立を認めさせた。これはもちろん、日本では国益に添ってやったことで、必ずしも朝鮮半島のことばかり考えてやったわけではないけれど、少なくとも独立を認められたことで朝鮮人民は喜んで、これで清国に頭を下げなくてもいいということになったわけです。大清皇帝功徳碑は川に捨て、迎恩門は壊して、代わりに独立門を建てた。だからこの独立門の「独立」は、清国からの独立であって、そのバックアップをしたのは日本なのです。

ところがいま、北朝鮮も韓国も、「朝鮮半島にあるわれわれの国はずっと昔から独立国で、それを初めて侵《おか》したのが日本だ」と嘘を言っています。都合が悪いので、清に支配されていたことを教えていない。ぼかしているのです。

「1896年7月、李商在、南宮檍をはじめ愛国的知識人たちによって、ソウルで最初の近代的な政治団体である『**独立協会**』が組織された。独立協会は『迎恩門』を打ち壊し、その場所に**独立門**を建て、『慕華館』を独立会館と名前を変えた。これが人民の民族自主精神を呼び起こす上で助けになった」とあるだけで、「独立」というのが、実はこれが清国からの独立であるということは、どこにも書いていない。もちろんそれをバックアップしたのが日本だとも、書いていない。

「迎恩門」に注をつけて「封建事大外交の遺物として清国使臣たちを送り迎えしたソウル西大門外にあった門」とは書いてありますが。

いまでもそうですが、実際にソウルに独立門があるのです。

通りかかる人に、この独立というのはどこからの独立ですかと言うと、ほとんど一〇〇%の人が、「何を言っているんだ。日本からの独立に決まっているじゃないか」

と言うのです。

「でも、この門が建ったのは一八九六年でしょう。日帝支配から韓国が逃れたのはもっとずっと後でしょう。なぜ一八九六年に独立門なのですか」と言うと、「え？」という顔をするのです。このことからも、歴史を正しく教えられていないということがわかります。

一八九六年に建てられたということは、明らかに清国からの独立なのです。実はこの独立門をつくるにあたっては日本も援助をしていました。日本の援助を感謝するという意味で、「奉祝」という字が掲《かか》げてあって、なおかつ日本と当時の韓国の旗が仲良くクロスでかかっている写真があります。

ところが、そういう写真は、今日では韓国人の目に絶対触れないようになっている。もちろん北朝鮮の人も同様です。

萩原　中国の支配から独立したのが独立門だと、きちんと読めばちゃんと書いてあるのに、〈日帝の侵略を防ぎ、国の独立を守るための精神で人民を啓蒙し目覚めさせた〉というふうになってしまうのですね。

独立会館も元は慕華館《ぼかかん》という名でした。慕華は中華を慕《した》うと書きます。これを先入観なしに注意深く読めば、建物の名前に込められた意味は受け取れるはずですよね。

井沢　日帝解放は一九四五年なのに、なぜ一八九六年に独立門が建ったのか。なぜそれが日本からの独立なのかという矛盾を指摘すると、「ただ独立を啓蒙するために独立門を建てた」という言い方をするわけです。それでごまかしている。

ところで、歴史教科書には中国のことは何も書いてありませんね。韓国の教科書もそうですが、これだけ有史以来中国から痛い目に遭《あ》っていて、中国に対する恨みとか、反抗心があるはずなのに、そのことを書いていません。

萩原　中国にやられたというのは事実なのですが、むしろやり返したときのことを大きく取り上げています。たとえば、隋《ずい》の煬帝《ようだい》を打ち破って隋が滅びるきっかけになった高句麗《こうくり》の戦いのほうを特筆大書するのです。だから、教科書を読むと「朝鮮人民ってすごいな」と思う。

豊臣秀吉の侵略を受けて戦った李舜臣《イスンシン》将軍は勇敢に戦い、奇抜な戦法で日本軍を悩ましたとか、そのようなことを特筆大書するわけです。やられた嘆き節よりも、やっつけたという記述のほうが読んでいて受ける印象がずっと強い。

井沢　先ほどお話しした大清皇帝功徳碑ですが、その後川の中から引き起こされて、公園に据えられていました。

この碑文を読めば、本当のことがわかるのです。私はこの碑はその当時につくったものかと思ったらそうではなくて、歴史をちゃんと見なければいけないと信ずる人が後の時代につくったものでした。これは恥辱碑《ちじよくひ》という別名があって、そういうものを忘れてはいけないという思いを込めて、後の人がつくったものです。ところが、それが最近はまた撤去されてしまったそうです。

碑文からは、中国が朝鮮民族に対していかに侮蔑感を持っていたかというのがわかります。それはもう、一目瞭然です。日本がそういう清の圧力から解放してくれたわけだから、少なくともその時点では喜んだはずなのです。

碑文の全文を読んでみます。

「愚かな朝鮮は偉大な清国皇帝に逆らった。しかし清国皇帝は愚かな朝鮮をたしなめ、この大罪を諭《さと》してやった。だから良心に恥ずることに目覚めた朝鮮は、自分の愚かさを猛反省し、偉大な清国皇帝の臣下になることを誓った」

こう書いてあるわけです。

萩原　かわいそうですね。

井沢　清はこれを朝鮮人に建てさせたわけです。それは怒りますよ。朝鮮半島の人間は、元《げん》のときも痛い目に遭っています。漢民族のときは多少ましだけれど、それでも漢民族の国家・中国にいじめられつづけたという強い意識がある。

その恨みを日本がはらしてくれた。だから反日でない人もいたわけです。後に日本の協力者、売国奴と呼ばれることになる李完用《りかんよう》などはその急先鋒だと思います。「日本は中国の圧力から解放してくれたじゃないか」というわけなのです。李完用は日韓併合条約に調印した人でした。日本もそこで調子に乗って、「併合してしまえばいいじゃないか」というところまで行ってしまったというのが、問題なのです。

それともう一つ重要なのは、これを言うと向こうの人はみなさんびっくりするのですが、「独立協会の二代目会長を知っているか」というと、全然知らないのです。誰だと思いますか。

萩原　さあ。

井沢　李完用なのです。その当時、もうそろそろ日本と組んでもいいのではないかという意識が、大韓民国の人たちにあった。

私は日韓併合を一〇〇％支持するわけではありません。日韓併合をやるのだったら、対等の合併なら問題はなかったと思うのです。たとえば、日本国天皇と朝鮮国王は対等である。共用語を朝鮮語と日本語にするというのならいいのです。

ところが日本と大韓民国との関係は、併合とはいっても吸収でした。しかも朝鮮民族の文化を否定する方向に行ってしまい、あれは間違いだったと私は思っているのですが、この時代からすでに清国という巨大な国家に対抗するためには日本の力を借りたほうが独立の早道だという人たちがいました。その代表が李完用です。だから、独立協会も李完用が二代目会長をやっているのです。

ところがそういうことを話すと、韓国の人たちは「え、そんなばかな」と言うのです。独立協会というのは反日団体で、その反日のシンボルとして独立門を建てた。だから日韓併合条約に調印した李完用が独立協会とかかわっているはずがないと、みんな思い込まされている。実はそういうことは、外国の文献をちゃんと調べれば載っているのです。しかし、ソウルで図書館に行っても、なかなかわからないらしいのです。日本のウィキペディアなどには載っています。

朝鮮半島という情報閉鎖社会から出て、どこか別の、中立な、たとえば英語圏に行って学ぶと、いま言ったようなことはちゃんと本に載っているから、すぐ気がつくはずです。

問題は、いまでも当の朝鮮半島の普通の人たちがそれを知らないという事実です。

朝鮮半島の歴史にはそういう問題があるわけです。

日本人は「差別」し、イギリス人は「区別」した

> 日帝は1939年11月から、朝鮮人の姓と名を日本式にかえさせるため**「創氏改名」**を強要した。創氏改名をしないと学校への入学を許可しなかったし、行政機関で扱うすべての事務を受け付けなかった。朝鮮式の名札がついた貨物

は、鉄道局とか郵便局では受け付けなかった。ひどい場合は物資の配給対象から除外されたし、**「非国民」**、**「不逞鮮人」**とされ日帝警察の監視対象になった。(略)
民族の言葉と姓名まで奪う日帝の例をみない民族抹殺策動によって朝鮮は巨大な監獄に、息づまる暗黒地帯に変わった。(中級3－107Ｐ)

井沢　「創氏改名《そうしかいめい》」というと、日本人の朝鮮人に反する悪政の最たるものという評価が定着しているわけですが、日本民族の一人として弁護するならば、われわれの植民地統治の政策は、イギリス人とは違う、ということです。

イギリス人のやり方はインドでもどこでもそうですが、現地民は動物としか見ない。たまに動物の中で英語などがうまいやつがいたら、現地の補佐役ぐらいにはしてくれます。軍曹とか下士官にはなれるかもしれませんが、イギリス軍の将校に、インド人がなることは絶対にない。

ところが日本はそういうイギリスのやり方を横目で見ていましたから、「われわれは違うぞ。われわれは朝鮮人を差別しないぞ」と思ったのです。〈俺たちは差別しないぞ。日本語を学んで、日本の士官学校を出れば、ちゃんと幹部にしてやる〉。実際、韓国人で中将までなった人もいるわけです。〈われわれはイギリス人のように、現地人を動物のように扱ったりしない。われわれは平等に扱う〉。そういう考えだったのです。

ただ、平等に扱うというその扱い方が問題でした。日本人の考える平等というのは、相手に日本人になることを強要し、その人たちの民族文化を否定することだった。ここが日本の植民地主義の大きな誤りだと思います。ですが、少なくとも最初にあった動機は、〈イギリスのようなやり方はだめだ、われわれは新しい道を模索するんだ〉ということだったはずです。

差別というのは非常に微妙な問題なのです。たとえばここに一人の朝鮮人がいるとして、子どものころから日本語を完璧にしゃべり、創氏改名で名前も変え、日本の学校を出て日本人になったとすると、差別のしようがないわけです。

朝鮮人をなくして、全部日本人にすることで差別がなくなるじゃないか。そういう考え方をわれわれの先祖はしたのです。島国根性というか、島国の独《ひと》りよがりの考え方で、それが正しいとは私は思いませんが、少なくとも出発点は善意であったということは、たしかだろうと思います。

萩原　イギリスのやり方だったら最初から区別しているわけですよね。

井沢　そちらのほうが実は楽なのです。区別された人間は叛乱《はんらん》を起こさない。イギリス人はインド人を動物のようなものと見て、囲いの中で囲っている感じですが、あまり民衆の風俗には手を入れないから、逆に向こうはあまり逆《さか》らってこない。ところが日本人は、ある人によると、「これが日本式だ」と、箒《ほうき》の使い方まで文句をつけたと言います。そういうことをされると、やられるほうにとっては非常にカチンときます。

「創氏改名」を強要したのは、日本人が最初ではない

萩原　私は文学に多少の興味があったので、朝鮮にも『万葉集』のようなものがあるとばかり思っていたのです。ところが井沢さんもお書きになったように、朝鮮には

日本の和歌にあたる民衆の歌（郷歌《ヒャンガ》）があったにもかかわらず、いまでは二十五首しか残っていないということも、外国語大学に行って、初めてわかった。

井沢　ところがそれを言い出すと、今度は秀吉が焼いたと言うのです。だとすると、「一巻しか本がないのか」ということになってしまいます。それで次に出てくるのは、「いや実はもっとあったのだけれど、長い間に失われてしまったんだ」という主張です。それではどうして残っていないのかという証明をしなければいけないのだけれど、そういう学問的証明はなく、ただ〈日本が『万葉集』で四千首持っているということは、当然われわれはもっと持っていたに違いない〉という発想をするわけです。

そこで気がついてほしいのは、かなり昔に朝鮮半島の国家は、中国の強い影響を受けて儒教化したということです。儒教にとってみれば小説とか歌などは保存すべきものではない。だからもしあったとしても、廃棄されたのは日本のせいでも何でもなく、それは儒教文化が行なったせいだということです。

たしかに創氏改名というのはよくないことです。

ところで私は井沢元彦といいますが、日本の古い文献を見ると、朝鮮半島の人の名前も、おおよそ苗字は漢字二文字なのです。ところがあるときに金○○とか、崔○○とかと、苗字が漢字一文字に変わるわけです。これはたぶん新羅《しらぎ》になってからだと思いますが、新羅が唐《とう》の力を借りて朝鮮半島を統一した段階で、あるいはそれより前かもしれませんが、朝鮮民族の名前は中国風創氏改名を絶対やっているはずなのです。そもそも中国語と朝鮮語、日本語は発音体系も文法も違うものじゃないですか。それなのになぜ中国人と同じスタイルの名前になっているのか。それは名前をどこかで変えたということなのです。ところがそういうことを、彼らはまったく問題視していない。

私に言わせると、歴史学の一番の敵は儒教だと思います。すでに紀元前に韓非子《かんぴし》が批判していますが、儒教の先生方は、かつて聖王の時代があって、それがだんだん悪くなったのがいまの世だと言うけれど、聖王の時代があったという証拠はあるのかと言うと、ないのです。彼らが、聖王の時代というものがあったと言っているだけです。

要するに儒学は、理想を過去に持っていくあまりに、過去はこうであったと思いたがる。実際にそうであったかどうかは重要ではない。実際にどうだったかというのが、歴史学です。そうではなくて、儒教は過去において理想の世界があったというふうに、まず決めてしまう。

日本と韓国の絡《から》みで言えば、〈朝鮮半島の国家というのは悠久の昔から中国の影響を受けない独立国家であった。ところが悪辣《あくらつ》な日本人が三十五年間だけわれわれの独立を妨害した〉としています。過去を理想化して、その分、真実を歪《ゆが》めるという作用を、儒教はどうしても持っているのです。日本でもそういう作用が働いた時代があって、それがたとえば戦前の日本帝国主義の正当化にもつながっているわけです。そういう意味では儒教というものはもっと排除しなければいけないと、私は思っています。

親日派・金玉均《きんぎょくきん》の評価が意外に高い不思議

萩原　朝鮮学校の歴史教科書に即した検討をしていこうと思いますが、何か気づいたことはありませんか。一八八〇年代の開化派の旗手である金玉均《きんぎょくきん》あたりの記述はいかがですか。

井沢　金玉均で言えば、日本人が金玉均の改革運動をずいぶん助けているのですが、最終的には、国として彼を裏切ったといいますか、梯子をはずしたところもあるのです。ですが、この教科書では、日本が彼を見捨てたその部分だけを書いているのです。

日本が金玉均との約束を破ったということは書いているけれど、その前に日本の民間人が、たとえば福沢諭吉なども含めて、彼をずいぶん援助したという事実は書かれていないですよね。

> 金玉均をはじめとする開化派は、国王を動かして改革運動をくり広げた。彼らは国家機構を近代的に改革するための活動をくり広げる一方、新式軍隊を組織し、人材を養成するための措置もとった。(略)
> 開化派は金玉均の指導のもとに1884年10月17日(陽暦12月4日)、近代的

な通信機関である「郵政局」の竣工宴会を契機に政変を引き起こした。金玉均は別宮放火計画が失敗すると、ただちに郵政局の隣の家に火を放ち、政変を引き続き推し進めた。

金玉均は昌徳宮に駆け込み、清国軍隊が反乱を引き起こしたと言って、王を景祐宮に移させた。そして王の名で守旧派の頭目たちを呼び出し処断した。こうして守旧派政権は打倒された。

翌日、金玉均は新政府を組織し、それを全国に公布した。新政府はわが国最初の**ブルジョア政権**であった。

こうした時期、明成王后は王を昌徳宮に移しておいて、清国に救いを求めた。

19日、1500余名の清国軍隊が王宮を攻撃した。開化派の兵力は、日本軍隊が「約束」をくつがえして逃亡したが最後まで勇敢にたたかった。しかし開化派は数的に優勢な清国軍隊の攻撃を食い止めることはできなかった。

開化派政府は「三日天下」として崩壊してしまった。

「**甲申政変**」は失敗したが、封建政府と外来侵略者たちに大きな打撃を与え、わが国のブルジョア改革運動の発展に多くの影響を与えた。（中級2－10、11P）

萩原　この教科書の記述を読むと、金玉均はわりと評価しているのですね。これはちょっと意外ですね。

井沢　そうですね。面白いことに韓国の教科書は、開化派を弾圧した閔妃《ミンピ》（明成王后）のほうを評価しています。要するに日本の圧政に対して抵抗した人、ということです。閔妃虐殺というのは韓国人がやったという説もありますけれど、日本が少なくとも絡んでいることは間違いありません。それは蛮行と言えば蛮行だけれど、韓国の中にも、閔妃を排除しなければ独立あるいは近代化できないと思っていた人はたくさんいたわけです。そういう意味で閔妃は殺される方向にはあったと思います。いまの韓流《ハン》ドラマをご覧になりますか。

萩原　私はほとんど見ていません。

井沢　「宮廷女官チャングムの誓い」に出てきますが、昔は宮廷で料理をする人などが主人公になることは絶対なかった。儒教にとってみれば官僚がすべてであって、たとえば医者とか料理人などは人間のくずです。それが儒教の考え方です。そういう考え方をしている以上、近代国家は絶対にできない。

たとえば、オリンピックにマラソンで出て金メダルを取るのは、大変な名誉です。けれども近代国家にとっては名誉だけれど、儒教の人からみれば、人間は馬ではないのだから、足の速いのを競《きそ》って何になる、という考え方なのです。少なくとも閔妃の政権みたいなものがずっと続いていたら、朝鮮は近代国家にならなかったとは確実に言えると、私は思います。そこのところを韓国、北朝鮮の歴史教科書はごまかしている。ごまかしている度合で言うならば、まだ北朝鮮のほうがましかもしれない。

萩原　そういう部分はたしかにありますね。

井沢　やはり王族に対する独得の思いからですかね。韓国の教科書を読むと、朝鮮王朝というものをずいぶん持ち上げているのです。〈日本などの力を借りなくてもわれわれには王様がいるので近代化を進めることだってできたんだ〉としています。それはまったくの思い込みだと、私は思うのですが、そういうように書かれているわけです。
ところが北朝鮮は、少なくとも王族を倒したことは評価している。共産主義国家の原則からいうと、王族というものは否定すべきものなのです。やはり共産主義と王制というのは相容《あいい》れないのかなと思うわけです。

萩原　いま、金玉均の話が出たでしょう。私が大学に入った一九六三年前後に金玉均の本が北から出たのです。それを私の同級生が訳して学生社から出したことがあります。
私のそれまでの理解は、金玉均は親日の走狗《そうく》でした。そのとき、なぜ北朝鮮が彼を評価するのだろうと、非常に不思議に思いました。金玉均は日本の侵略の露払《つゆばら》いをした悪いやつだと北も主張していたのに、ガラッと変わるのです。いまも一貫して金玉均を正当視しています。そのことが本当に理解できなくて、なぜ金玉均なんかをと、ずっと思っています。

井沢　それは、韓国が否定しているから天邪鬼《あまのじゃく》的に評価するということもあるのでしょうか。

萩原　それはあるでしょうね。韓国では金玉均は偉い人ではありますが、やはり日本の侵略と非常に結びついている人でしょう。そういう見方が正しいはずですが、北がなぜ金玉均を評価するのか、いまだに私は不思議に思っているのです。少なくとも一九六〇年代の初めから、金玉均に対する北の評価がガラッと変わったのです。それまでは北も、金玉均は日本の手先のような言い方をしていました。

（2）「金日成」神話の誕生

金日成《キムイルソン》と名乗った人物はたくさんいた！

井沢　この教科書において、朝鮮戦争の記述と並んで、嘘の最たるものの一つが、金日成の出自の問題でしょう。朝鮮学校の教科書で、中級3は金日成の出生から始まって、日本軍の敗退による「祖国解放」までを扱っているのですが、ほとんどが、金日成の英雄伝説で埋めつくされているといっていいくらいです。おもだった記述を、アトランダムに抜き書きしてみましょう。

わが民族が日帝の植民地統治に抑えつけられていた1912年4月15日、平壌市**万景台**にて敬愛する**金日成**主席様が誕生された。

お父様であられる金亨稷《キムヒョンジク》先生におかれては、国の柱になってくれることを望む気持ちで、ご子息様の名前を金成柱《キムソンジュ》とつけられた。（中級3－57Ｐ）

主席様におかれてはこのような準備にもとづき、1926年10月17日、わが国ではじめてとなる真の革命組織である**「打倒帝国主義同盟」**（略称「トゥ・ドゥ」）を結成された。（中級3－61Ｐ）

1927年8月には、より広範な青年学生を結束させるために、打倒帝国主義同盟を**反帝青年同盟**へと改編された。

いろんな革命組織が出現し、その活動が活発になるにつれすべての組織を主導する組織が必要になった。こうして1927年8月28日、**朝鮮共産主義青年同盟（共青）**を組織された。（中級3－63、64Ｐ）

主席様におかれては、会議後の1930年7月3日、最初の党組織である**建**

設同志社を組織され、6日には**朝鮮革命軍**を結成された。
この隊伍には**金亨権**先生をはじめとして車光洙、金赫、崔昌傑、**崔孝一**など優秀な新世代の共産主義者たちが入っていた。朝鮮革命軍は創建後、多くの小組に編成され、満州や朝鮮国内各地に派遣された。(中級3−67P)

主席様におかれては、反日人民遊撃隊を創建できるすべての条件が整うと、1932年4月25日、安図県・小沙河のうさぎ谷にて、100余名の隊員たちによる**反日人民遊撃隊**を創建された。そして、優秀な隊員たちを満州の各地に送り、反日人民遊撃隊を組織するようになされた。(中級3−80P)

敬愛する主席様におかれては各地の部隊に対する統一的な指揮体系を強化するため、1934年3月、反日人民遊撃隊を**朝鮮人民革命軍**へと編成された。

朝鮮人民革命軍はみずからの力量をいっそう強化しながら、中国の人民とともに共同の敵・日帝に反対してたたかった。1936年には、中国人武装部隊

たちと**東北抗日連軍**を組織し中国人民とともに肩を組んでたたかった。(中級3－82P)

敬愛する主席様におかれては1936年5月5日、祖国光復会の創立を宣布なされた。

このようにして、日帝に反対し国を愛するすべての朝鮮人を結集させ、反日闘争に総動員できる全国的規模の地下革命組織が出現するようになった。(中級3－96P)

敬愛する**金日成**主席様におかれては1939年4月、長白県・**北大頂子**の密林で、苦難の行軍を総括された後、敵に息つく間も与えず連続して打撃を加え祖国へと進軍することについての方針を出された。当面は鴨緑江沿岸国境一帯の敵に打撃を与えるための春季攻勢を展開し、敵たちを大きな混乱におとし入れなければならないと教えられた。そして、敵の国境警備陣にすき間をつく

り、国内進攻作戦準備を完璧なものにしなければならないと強調された。（中級3－112P）

こうして、1942年7月**国際連合軍**が創設され、朝鮮人民革命軍は朝鮮支隊となった。

国際連合軍が創設された後、敬愛する主席様におかれては小部隊活動を組織・指導される一方で、朝鮮人民革命軍の部隊を極東基地に集結させ、以前から進めていた**軍政訓練**を大々的に展開された。（中級3－130P）

敬愛する**金日成**主席様におかれては、すでに推進してきた全民抗戦によって祖国解放を成しとげるための作戦準備をいっそうお深めになられた。

1943年2月には、咸鏡南道新興郡西谷里の兜鍪峰会議で朝鮮人民革命軍の総攻撃と、それに合わせた全人民的な蜂起の背後連合作戦で、祖国解放の歴史的偉業を達成するための3大路線が提示された。（中級3－134P）

敬愛する主席様におかれては1945年8月9日、朝鮮人民革命軍の全部隊に祖国解放のための**総攻撃命令**をだされた。

朝鮮人民革命軍の部隊はソ連軍との緊密な連携のもと、日帝が誰も破ることができないとうそぶいていた国境の要塞に強烈な攻撃を仕かけ、それを一瞬のうちに打ち破り豆満江を渡った。そして、8月9日に慶源（セビョル）、慶興（ウンドク）を解放し雄基（先鋒）方面に進撃、国内の広い地域をあいつぎ解放した。（中級3－146P）

これ以上持ちこたえられなくなった日帝は、連合国の「ポツダム宣言」を受け入れ、最終攻撃作戦が始まって1週間もたたない1945年8月15日に**無条件降伏**した。

朝鮮人民革命軍の部隊と人民武装隊は、日帝の無条件降伏の後もあちらこちらであがく日帝侵略軍を討ったし、人民は各地で日帝の植民地統治機関をたたき潰し、人民的な地方自治機関を立てていった。

こうして朝鮮人民は、41年間にわたる日帝の植民地統治から解放された。20余年にわたる朝鮮人民の抗日革命闘争は、輝かしい勝利をおさめ祖国は解放された。（中級3－147Ｐ）

井沢　このように、十四歳で革命運動を組織して以来、完全無欠の指導ぶりで、祖国を解放に導いた大英雄として描かれているわけですね。ところで、正しい歴史としてまず最初に確認しておきたいのは、金日成は実のところ、抗日独立戦線にかかわっていなかったということですね。

萩原　そうです。彼は、満州にあったソ連軍の第八八特別狙撃旅団という軍隊にいました。彼は一九四一年に満州からソ連に逃げこんで以来、この旅団に属していたのです。ですから朝鮮独立には、全然貢献していません。ここに引用されていることは、すべて後世の創作です。

井沢　もともと金日成という別の人がいたのですか。

萩原　そのあたりの事情はやや複雑で、「金日成将軍」とは、かつて実在した抗日

만경대고향집

「万景台の故郷の家」

(「中級３」の教科書から)

の闘士の一人でもあったし、また複数の闘士の集合名詞でもありました。つまり事実と伝説がないまぜになって作られたひとつの像であったのです。成均館《ソンギュンガン》大学教授だった李命英《リミヨンヨン》氏の研究では、金日成像の祖型をなした人物は四人いたということになっています。

四人かどうかはともかくとして、ソ連が戦後の北朝鮮を統治する際に、抗日戦争で活躍した複数の英雄の物語を集約して一人物に仮託した。それが今日「金日成」とされる人物です。その「金日成」は、ソ連軍の中にいて抗日パルチザン運動をしていた。ですから、朝鮮の独立運動に大活躍したというのは大ウソです。ですが、ソ連は、北朝鮮の統治のために、素直で言うことをききそうな当時三十三歳の男を民族的英雄「金日成」に仕立て上げ、傀儡としたのです。

以上のことが、今日までの研究で明らかになっています。

とはいっても、不自然は不自然で、とくに民衆がイメージしている独立の英雄とは、年齢があわないわけです。

戦後の金日成の北朝鮮でのデビューは、一九四五年十月十四日です（117ページ写真）。いまは金日成スタジアムといいますが、あの当時はまだ平壌公設運動場といっていました。そこで「偉大なる金日成将軍様が演説をなさいます」と司会者が宣言した。はたしてどんな人物が出てくるかと、みんなが固唾《かたず》をのんで見守っているところへ出てきたのが、フライ級のボクサーか、中華料理屋のウエイターにしか見えない若造でした。観客席の後ろのほうでは、「なんだ、ニセモノじゃないか」と群集が騒ぎ出したそうです。ニセモノは朝鮮語でカッチャと言いますが、「カッチャだ、カッチャだ」と言って、スタジアムがざわついた。

慌《あわ》てて司会者が、「静かにしろ」と言って怒鳴りつけたりしたらしいのです。本来みんなの頭にあるキム・イルソン将軍は五十歳前後でなければならないわけです。一九二〇年代から彼の名は民衆の間に聞こえていたわけですから。

この話を私にしてくれたのは、兪成哲《ユソンチヨル》さんという方で、この人は金日成がソ連軍の第八八特別狙撃旅団にいたときロシア語の通訳をしていて、戦後は朝鮮人民軍作戦局長を務めた人です。金日成が戦争中に朝鮮にはいなかったこと、戦後の「金日成」像がすべてデタラメであることを誰よりもよく知っている現代史の生き証人ともいえる人ですが、一九五六年に起こったクーデター的な事件の余波で、中央アジアのタシケントに亡命しました。

「八月宗派」事件と呼ばれるもので宗派とは朝鮮語でチョンパといいますが、その言葉を聞いただけで身震いするほど腹が立つという、口にするのも汚らわしいような事件のことを言います。そういう、ある種のクーデター的な事件が起きるのです。その「八月宗派」の余波で多くの人間が投獄され、兪成哲さんなどは身の危険を感じて亡命するわけです。

私は一九九一年、タシケントの兪さんを訪ね、自宅に十日ほど泊めていただき、本人から、これらの話を直接聞きました。兪さんは一九一七年生まれですから、私が会ったときは七十四歳の高齢でしたが、当時のことはよく憶えていて、スタジアムの群衆が、「カッチャだ、カッチャだ」と言って騒ぎ出したというのです。兪さんとの会見の模様は私の本『朝鮮と私 旅のノート』（文春文庫）に書いてあります。

井沢 それはすごい証言ですね。日本のマスコミは、なぜそのことを大々的に書かないのでしょうか。

ところで、日本の陸軍士官学校を出た金光瑞《キムガンソ》さんという人が「金日成」の原型をなした人物の元祖と見られているようですね。その人はキム・イルソンと名乗って抗日軍にいたわけですか？　抗日ゲリラのようなことをやっていたわけですか？

萩原 その人はシベリアを拠点にして、ソ連に守られて、ウラジオストクあたりを出撃拠点として出たり入ったりしながら、日本軍と戦っていた。

井沢 ソ連の支援を受けて戦っていた。けっこう武勲《ぶくん》も上げていて、神格化されていたのですね。イルソンと名乗ったというのは、何か深い意味があるのですか。

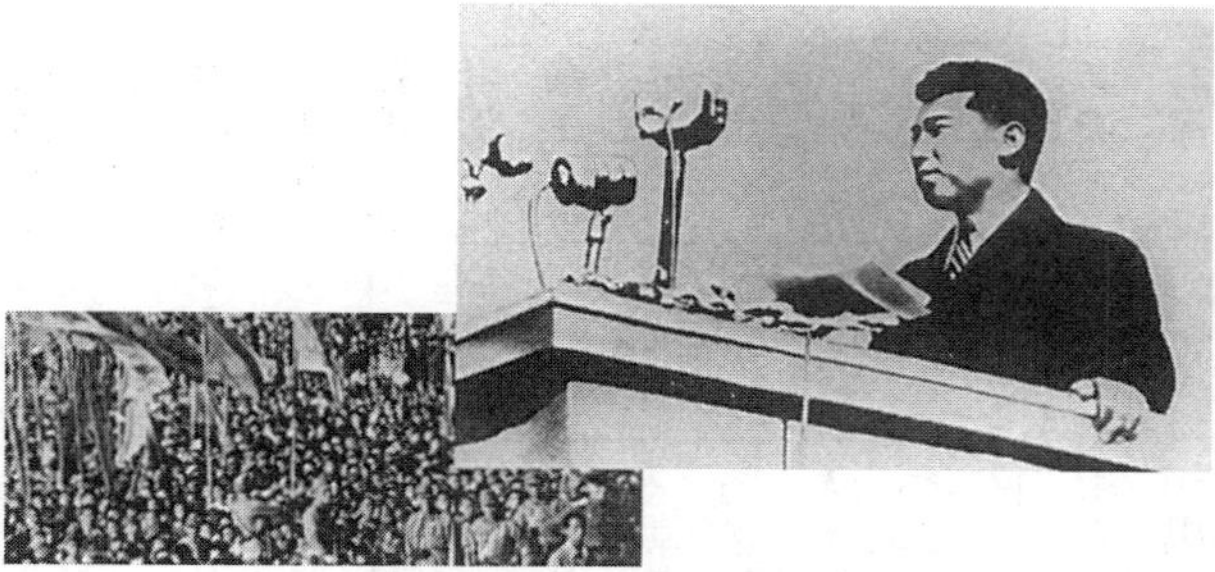

평양시환영군중대회에서 연설하시는
경애하는 김일성주석님(1945.10.14)

「平壌市歓迎群衆大会で演説なさっている
敬愛する金日成主席様（1945.10.14)」
(「高級１」の教科書13p から)

萩原　いろいろな説があるのですが、日とは太陽のことで、「太陽に成る」という意味になります。キム・イルソンの名前は、最初は一つの星という意味のイルソン＝一星だったのです。それを周りが、「星ではもったいない、朝鮮の太陽になってくれ」と頼んで、日成となった。

ハングルは同音異義語がたくさんあります。イルソンは漢字では、一星とも日星とも、一成とも日成ともなります。文字の情報が少なかった当時は耳で聞くしかなかったので、キム・イルソンに、どの漢字を当てはめるかというのは問題ではなかった。イルソンという音が問題だったのです。それにあやかって、キム・イルソンというペンネームを持っている人が、何人もいたらしいのです。

井沢 だから四人いるという話になるわけですね。元祖キム・イルソンはいつのまにか歴史から消えてしまうということですか。

萩原 元祖キム・イルソンは、ソ連からもスポイルされてしまいます。

井沢 見放された。

萩原 つまり、ロシア革命の後で、日本がシベリアに出兵するあたりまでは、日本軍をやっつけてくれる朝鮮人は、ソ連にとっても重宝したのです。ところがそれが一段落すると邪魔者扱いされて、そのうちに歴史の中から消えるのです。そのほかにもキム・イルソンは三人もいるわけで、次々にキム・イルソンの英雄伝説というのが生まれます。そしていつのまにか〈偉大な将軍がどうも北のほうにいるらしい、あの将軍によっていつかは日本軍から解放される〉という英雄待望論になってくるのです。

井沢 メシアの出現のようなものですね。

萩原 誰もが英雄が出てくることを心待ちにするわけです。だからキム・イルソンと名乗るだけで民族的英雄ということになります。

井沢　戦争中からそういう伝説はあったのですね。

萩原　キム・イルソンというのは非常に勇敢で、神出鬼没だなどと尾ひれがついて、英雄伝説になる。それにあやかったのが、最後のキム・イルソンである金成柱《キムソンジュ》です。金日成の元の名が金成柱だったことは、教科書にも書かれているとおりです。キム・ソンジュは、俺がキム・イルソンだと、人の名前を勝手に盗用して、満州時代から仮名として名乗っていたわけです。

ペンネームとしてそういうふうに言っている間はまだ冗談で済んだけれど、それに目をつけたのが、戦後の北朝鮮の支配者を誰にするかで頭を悩ませていたスターリンなどソ連の首脳陣です。

キム・ソンジュという男をキム・イルソンに仕立てようという知恵者が、北朝鮮を占領したソ連軍にいました。お墨つきを与えるためにソ連軍の幹部たちの検討を経て最終的にはスターリンのＯＫをもらいに行くわけですが、その結果、金日成は九月九日にソ連船プガチョフ号でウラジオストクを出航し、元山に上陸したのです。ですから八・一五で朝鮮が解放されてから約一ヵ月の間に、支配者を誰にするかを決めたのはソ連なのです。

群集にペテンを見抜かれた、四人目のキム・イルソン

井沢　キム・ソンジュ時代はどこまでで、どういう育ち方をしたというのはわかっているのですか。

萩原　キム・ソンジュは、日本の植民地時代、両親やおじいさんと一緒に万景台《マンギョン》に住んでいました。平壌《ピョンヤン》の近郊にある農村地帯ですが、生家であるわらぶき屋根の家が保存され、そこは聖地になっています。

井沢　繰り返しになりますが、つまるところ、彼はソビエトの軍人だったわけですね。

萩原　そうです。大尉でした。赤軍の大尉の位をもらっていました。

井沢　それは正式にロシア軍の大尉なんですか。

萩原　第八八特別狙撃旅団というのはソ連軍がつくった旅団です。ただし中国はそ

祥伝社新書
11月の最新刊

祥伝社新書

まだまだあるぞ、《夢》と《発見》
充実生活をサポートする祥伝社新書

朝鮮学校「歴史教科書」を読む

門外不出の教科書を
翻訳して検証

萩《はぎ》原《わら》 遼《りょう》
井《い》沢《ざわ》元《もと》彦《ひこ》

こんな学校に、
なぜ日本の税金を使うのか!?

金日成、金正日父子の神格化、朝鮮戦争、
大韓航空機事件、日本人拉致事件は、
こう教えられていた!

■定価819円

978-4-396-11257-8

祥伝社新書

祥伝社新書　11月の最新刊

カジノ解禁が日本を亡《ほろ》ぼす

若宮《わかみや》　健《けん》

日本はすでに世界一のギャンブル大国。これ以上、国民をギャンブル漬にして、どうするつもりなのか⁉

978-4-396-11255-4　■定価798円

「横書き」を読む スーパー速読1週間

日本で初めての「横書き」対応の本。ビジネスマン必読、仕事が10倍速くなる！

日本速読協会　井田《いだ》　彰《あきら》

978-4-396-11256-1　■定価798円

「看取《みと》り」の作法

香山《かやま》リカ

本当にこれでよかったのか……そのときが来る前に読んでほしい「看取り」と「死別」についての入門書。

978-4-396-11258-5　■定価798円

好評ベストセラー

なぜ韓国は、パチンコを全廃できたのか

若宮　健

978-4-396-11226-4　■定価798円

新書1冊を15分で読む技術

日本速読協会／井田　彰

978-4-396-11186-1　■定価798円

祥伝社　〒101-8701　東京都千代田区神田神保町3-3
TEL 03-3265-2081　FAX 03-3265-9786　http://www.shodensha.co.jp/
表示価格は2011年11月2日現在の税込価格です。

の名称を認めていません。中国人は、俺たちはソ連軍に編入されたわけではないという立場で、「第八八独立歩兵旅」と呼んでいます。自分たちは、あくまで中国共産党の指導する満州の抗日連軍であるというわけです。ソ連の支配下であることをまったく認めなかった。そういう面でも、中ソの伝統的な対立感情がここにも出ているのです。

金日成はソ連軍からかわいがられて、おまえを大隊長、大尉にしてやるということで、兪成哲《ユソンチヨル》さんの話では、丸太小屋の独立家屋を持っていたと言います。五つか六つの棟から成る小さな丸太小屋の一つですが、ほかの兵士たちは一つの兵営の中で相部屋のように寝ているけれど、彼だけは独立家屋を与えられていた。兪さんは私の前で兵営の見取図まで描いてくださいました。このこと一つを見ても金日成がソ連の傀《かい》儡《らい》だったことがわかります。

中国人の周保中《しゅうほちゅう》という有名な将軍がいて、彼は人間的にも非常に幅広くて、軍を束《たば》ねていたそうです。旅団には朝鮮人が七〇人、中国人はたしか二〇〇人ほどで、そのほかは全部ロシア人という混成部隊だったそうですが、朝鮮人は国自体がないので、いつも小さくなっていて、自己主張などできる状態ではなかった。

井沢　それでソ連の紐《ひも》付きで金日成がデビューした。

萩原　最終的には朴憲永《パクホニヨン》という大韓民国出身の人を代表にするか、金日成にするか、何人かの候補者があったのです。金日成よりははるかにパルチザンの功績を上げた人も何人かいたのです。崔庸健《チエヨンゴン》とか武亭《ムジヨン》といった人たちや、中国の抗日武装隊の中の師団長とか、堂々たる勲功を立てた人、地位の高い人もたくさんいました。けれども結局、小回りがきいて、聞き分けがよくて、フットワークが軽いということで、金日成は、いかにも傀儡になりやすい男だったのです。それで白羽の矢が立った。あとはもう捏造《ねつぞう》に次ぐ捏造です。これが金日成だという話をつくりあげていきます。

一方で金日成がニセモノだと知っている人や口にする人たちは、次々と粛清された。

井沢　金日成は当然そのとき、ゴーサインをもらいにモスクワまで行ったわけですね。

萩原　彼がモスクワへ行ったわけではありませんが、ソ連軍の北朝鮮支配者であるチスチャコフ将軍あたりが、モスクワに行ったのでしょう。このあたりのことと、金日成のデビューの謎については、将来ロシアから歴史資料が公開されれば、自然と判明してくることと思います。

朝鮮学校の教科書（高級1－13P）に掲載された一九四五年十月十四日のデビューのときの写真（117ページ）を見ると、本来は、胸に赤旗勲章というソ連の勲章をつけていたはずなのですが、全部塗り潰されています。

井沢　写真を改造しているわけですね。金日成という人は、体が小さい人だったのですか。

萩原　百七十五センチぐらいですから、昔としてはまあまあです。

井沢　そのとき登場した男は、伝説のキム・イルソンとは、年齢が合わなかったわけですね。

萩原　伝説の人物とは、二十歳は違うのです。誰もが五十歳以上の堂々たる白髪《しらが》のお爺さんを連想していた。だからキム・イルソン将軍が現われるというので、みんなものすごく喜んだ。それで、八万人入ると言われる運動場が満員になったのです。誰もがキム・イルソン将軍をひと目見たさに行ったわけです。ところが思いも寄らぬ若造が出てきたので、みんな唖然《あぜん》としてしまった。

井沢　でも結局その人で通してしまうのですね。

萩原　「この男はニセモノだ」と言う人間を容赦なく弾圧していきます。南に逃げたジャーナリストで韓載徳《ハンジエトク》という人は、「私は金日成を告発する」という文章を残しますが、そこには弾圧のようすが、詳細に書かれています。

最後に金日成を名乗った男の、本当の過去とは

井沢　つまり繰り返しになりますが、金日成に仕立てられたいまの金日成の前歴というのは全部捏造というか、教科書に書かれているのは全部後付けでつくった創作ということですね。

萩原　先ほど井沢さんもおっしゃったように、祖国に対する貢献は何もしていません。あの当時は本当に気の毒と言えば気の毒ですが、朝鮮半島には国がないわけでしょう。自国のために戦うというような精神が、国際共産党と言われたコミンテルンに

もないわけです。ソ連を擁護するためにつくったのがコミンテルンです。中国は大国であるから、ソ連のために戦うというより、やはり中国人民の解放のためという大義名分がある。しかし朝鮮人にはそれがないわけです。朝鮮を解放するなんてことにはならないのです。

ところが、一九三五年に、コミンテルンの第七回大会というものがあります。そこで有名なディミトロフ書記長の演説がありました。一九三三年にナチスが政権を取ります。そうするとコミンテルンで、三五年になって〈ファシズムとどう戦うのか〉という問題が出てくる。

ファシズムと戦うためには、単に共産主義者だけではだめだ。幅広い統一戦線をつくらなければだめだという動きが活発化します。フランスなどは共産党が強かったから、さっそく人民戦線政府ができるのです。それで社会党と提携する。そうした大同団結の動きの中で、恩恵を一番受けたのが金日成です。

中国と朝鮮は、もともといがみ合いをしていました。中国人からすると朝鮮人は日本の手先と見られて、スパイの疑いでバンバン殺されるわけです。それに対して朝鮮人は、「中国は大国主義だ」と言って中国に対して反感を持つという具合で、両者は民族的に反目していた。

そんなことではだめだ。国際統一戦線でやらなければいけない、と言ったのがコミンテルンの第七回大会です。そこで初めて「朝鮮の独立」というスローガンがコミンテルンに認められることとなり、金日成たちは元気づくわけです。そういうふうになってきたのは、まさに金日成の功績であると教科書では言っている。

井沢　コミンテルンによって「朝鮮の独立」というスローガンが認められたのは、そんなに遅かったわけですね。コミンテルンの影響力はそれだけ絶大だった、と。

萩原　そうです。教科書に書いている、民生団《みんせいだん》というのはご存じでしょうか。これは日本がつくったある種の謀略組織ですが、あいつは民生団だという密告だけで、即銃殺されるような悲惨な事態も当時はあったわけです。

中国人が、朝鮮人の七割は民生団だとか、朝鮮人幹部の七割は民生団だとか、極端な民族排外主義に踏み切るようなことがありました。連合赤軍の内ゲバを思っていただいたらわかりやすい。内ゲバでお互いに殺し合ったのです。それを収拾したのが金日成だと教科書には書いてあるので、「冗談も休み休み言え」と言いたいのです。すべてコミンテルンの方針に沿って内ゲバをやめて共通の敵ファシストと戦え、という大方針に沿っただけのことです。

> 抗日武装闘争を武力だけではつぶせないと考えた日帝は、革命隊伍を内部から破壊するために1932年2月、民族反逆者と日帝の手先たちで**「民生団」**というスパイ団体をつくり出した。「民生団」は警戒心の高い革命家たちと人民の闘争によって、その正体が暴かれ実質的な活動はできないまま、その年の4月に解散した。（略）
>
> 敬愛する**金日成**主席様におかれては、濡れ衣を着せられ「民生団」にされた人々をお救いくださり、さらにはご自身を謀略で落しいれようとしていると疑われていた韓ボンソンという隊員までも固く信じ、正しくお導きなされた。
>
> （略）
>
> このようなときの1935年2月、汪清県で大荒崴会議が開かれた。会議に

参加した人々は、そのほとんどが反「民生団」事件を誤った方向に持っていった排他主義者たちであった。

排他主義者たちは会議で、東満にいる朝鮮人の70％、朝鮮人革命家の80〜90％は「民生団」だと言いながら、自分たちが「民生団」をたくさん捕まえることは革命のためになることだと正当化しようとした。そして、朝鮮人は少数民族であるから幹部になれないし、中国の地で活躍する朝鮮の革命家たちが、民族解放のスローガンを掲げるのは間違ったことだと主張した。

主席様におかれては会議で彼らに、もしあなたたちの話が事実だとしたら「民生団」と疑われた人たちが、なんのために3—4年もの間、遊撃根拠地で寒い冬のあいだ食べることも着ることもできないのにたたかって来たのかと反問された。

そして、そんなに多くの人たちが「民生団」であるならば、私たちはこの場で安心して休む事も会議をする事もできないはずだし、遊撃区はすでになくなっていたであろうと話された。ことばを続けられて、「民生団」とされて死にゆきながらも「朝鮮独立万歳！」と叫んで死んでいった彼らが果たして「民生団」であろうかと話され、彼らの間違った主張を退けられた。（中級3－86、87P）

井沢　内ゲバだったんですね。

萩原　凄惨《せいさん》な内ゲバなんです。「殺されたくないなら、おまえらの一味の名前を言え」と言われて、五人か一〇人の名が出ると、即しょっぴいて行かれて、すぐに銃殺でしょう。まあ、ひどいもので、一説には七〇〇人もの朝鮮人幹部が銃殺された。

井沢　それは中国人にやられたのですか。

萩原　ええ、中国人にということもあるし、そのまた逆もあるのです。中国人を、朝鮮人が射殺するとか、要するに内ゲバです。キム・イルソンはそれを収拾したと書いている教科書を読むとなんと立派な方なのだろうと思ってしまいますが、コミンテルンの方針をただ横取りしただけなのです。

師団長クラスの中国人の幹部がいる中国兵の大集団に対して、二〇〇人ぐらいを率いた、たかだか小隊長ていどの一グループの長に、なぜそんなことができるものですか。彼自身が危ない目に何度か遭《あ》っているし、彼自身も人を密告して生き延びていた人間でしょう。その出自たるや、どろどろの人間関係の中で、わけがわからなくなっています。お互いに血にまみれていますからね。

困難な難局をのり越え革命を引き続き高揚へと導くため、敬愛する**金日成**主席様におかれては1938年11月25日から12月6日まで濛江県・**南牌子**の樹林の中で、朝鮮人民革命軍指導幹部たちの会議を開かれた。

会議は、1万余名の敵軍が包囲陣を敷いているきわめて困難な環境で進められた。

主席様におかれては、間違った熱河遠征路線を批判され、革命において自主的な立場を守り、生みだされた情勢に対処して、朝鮮人民革命軍部隊が至急に白頭山を中心とする**国境一帯へと進出**し、広い地域で軍事政治活動をくり広げることについての方針を提示された。

これは、敵の中心部に入り込むことだから、うまくいかないと包囲される危険千万で艱苦な道であった。

しかし朝鮮人民革命軍の主力部隊が、国境一帯に進出して積極的な軍事政治活動を展開してこそ、日帝に大きな打撃をあたえ、国内に派遣された小部隊と小組らの活動を支援することができた。また、敵の弾圧騒動でいっとき士気が落ち込んだ革命家たちや国内の人民に勝利に対する確信を抱かせ、反日闘争に積極的に立ち上らせることができた。（略）

胸まで埋まる雪の中、氷点下40度を前後する厳しい寒さと食糧まで無くなった朝鮮人民革命軍主力部隊の歩みは最初から困難きわまるものであった。

敵は、朝鮮人民革命軍が出没しそうな場に多くの武力を待機させ、7万もの大部隊で革命軍部隊のあとを追ってきた。そして、朝鮮人民革命軍が食べることも休むこともできないようにしたあと、決定的な攻撃をしかけ、いっきに殲滅させせようとした。

このような状況下で、敬愛する主席様は敵が大兵力で向かってくるときは、す早く部隊を分散させて敵どもが手がかりがつかめないように混乱させ、反対に敵が分散すると部隊を一つに集めてやっつける戦術をおとりになった。また、敵をあっちこっちへと引きずり回しては討ち、夜も小部隊で敵の宿営地を襲撃、一晩中自分たちで同士討ちさせたり仕向けた。（中級3－108～110P）

井沢　金日成は満州でパルチザンをやっていたわけですが、当時、朝鮮半島の国内で踏みとどまってパルチザンをやっていた人も当然いるわけですよね。常識的に考えると、外でそれをやっていた人間よりも、自国にとどまって抵抗運動をしていた指導者のほうが英雄視されるのではないかと思いますが、そういうことにはならなかったのですか?

萩原　歴史に名を残した人に、朴金喆《パクキムチョル》という、朝鮮労働党の副委員長までやった人がいます。彼の率いた一派を甲山《カプサン》派といいます。甲山は朝鮮半島の一番北にある郡で、罪人を島流しにするところです。島流しされようと私の忠義の念は変わらない、という意味で「たとえカプサンに行く身であっても」という朝鮮の諺《ことわざ》があるほど、怖れられた場所なのです。

そこに甲山派と言われる、国内で踏みとどまった共産主義者がいたのです。それは終始国内で戦い、ときには国境を渡って中国共産党の遊撃隊とも連絡を取り合いました。国内で戦ったということで、国民的な人気はこちらのほうが高い。

甲山派といわれる人々を最終的に滅ぼしたのが一九六七年の、金日成のクーデターと言われる、朝鮮労働党第四期第十五回中央委員会総会です。六七年の五月四日から八日までかけてその会議があって、最終的に抗日パルチザンの自分たちのグループだけで党中枢を固めてしまうのです。息子の正日《ジョンイル》が中央委員会に入った直後です。

井沢　そのときの会議で二階のバルコニーから飛び降りた男がいるという話がありますね。

萩原　その男が朴金喆です。非常に有能な人で、当時も副委員長を務めていましたからね。それをばっさり、金日成が切った。刑務所の中で日帝に屈服したなどとでたらめな罪状をなすりつけた。それに抗議して会場の二階のバルコニーから頭からまっさかさまに投身自殺しました。

年齢の違いだけはごまかせない伝説上のキム・イルソン

萩原　先ほど話に出た李命英氏の『金日成は四人いた』という本ですが、これはたった一人で日本で調査をして書かれた、とても貴重なものです。韓国人には珍しく、きっちり根拠を示して書いておられた本です。

井沢　ちょっと反論が難しいくらい、きっちり証明立てて書かれているのですね。四人というのは、時系列的には縦に並ぶというよりも、むしろ横並びの関係にあったようですね。

萩原　四人はほぼ同時期にいたのでしょうね。キム・イルソンを名乗って伝説の人物にあやかろうという人もいただろうし、いい格好したい人もいたでしょう。あるいは初代のキム・イルソンが死んだから身代わりを立てて、二代目を襲名する人も出てきたのではないでしょうか。

井沢　キム・イルソンがそれだけ有名になったということは、伝説的な蜂起の成果のようなものがあって、それがずいぶん喧伝《けんでん》されたのですかね。

萩原　そういうふうに私は思うのです。ロシア革命は一九一七年でしょう。それで

조선인민혁명군 대원들속에 계시는 경애하는 김일성주석님
(뒤줄가운데 서계시는분)

「朝鮮人民革命軍隊員の中にいらっしゃる
敬愛する金日成主席様
(後列まん中に立っていらっしゃる方)」

「国際連合軍の戦友たちとともにいらっしゃる
敬愛する金日成主席様」
(ともに「中級3」の教科書から)

日本のシベリア出兵が一九一八年です。一九二〇年を前後して極東で朝鮮民族と日本軍との軋轢《あつれき》や戦いがありました。そのころからキム・イルソンが登場するわけです。現実に朝鮮人を使って日本軍を討ち滅ぼしてくれるのは、ソ連にとってもプラスだったに違いありません。

井沢　シベリア出兵の日本兵と戦ったのも、キム・イルソン名だったのですね。のちの金日成がそのキム・イルソンだとしたら、当時は十歳にもならないことになります。

萩原　そうですね。年齢が二十歳は違うわけです。そこをごまかすためにキム・イルソンの手柄話として土台からして話にならないものをくっつけたわけでしょう。

当時の「平壌民報」の記事が残っていて、金日成将軍がどうのこうのと、それなりの活躍をしたことを書いています。これだって一人かどうかわからないですね。伝説化されていたわけですから。

井沢　これだけ報じられているということは、当然、日本軍のほうでも知れ渡った名前だったのでしょうね。

萩原　それはもう、知れ渡っていましたね。だから関釜《かんぷ》連絡船の天井に、キム・イルソンを称《たた》える落書きがされたりもしました。

そういうふうにだんだんと、メシア待望論のようなことになっていったのではないでしょうか。それにあやかって、俺がキム・イルソンだという跳ね上がりも出てきたのではないでしょうか。

〈日帝侵略者たちも、金日成は朝鮮人民から救世主のように尊敬を受けることになるのだと言って、不安と恐怖におののいた〉と、教科書には書いてあります。

井沢　いまみたいにテロリストの親玉がテレビに登場するような時代とは違って、顔を隠しているから誰かわからないわけです。いまだったらたとえばオサマ・ビンラディンが二十歳も若返って出てきたらおかしいと誰もが思うけれど、そうではない世界だったのです。オサマ・ビンラディンがもし顔を知られていなかったら、誰が出てきてもバレはしません。

生誕の地も、幼少期の偉業も、すべてが創作されたもの

井沢　ところで、金日成が万景台で一九一二年四月十五日に生まれたというのは、事実としてあるのですか。

萩原　これについては異説もあるようですが、一応そのようになっています。

わが民族が日帝の植民地統治に抑えつけられていた1912年4月15日、平壌市**万景台**にて敬愛する**金日成**主席様が誕生された。

お父様であられる金亨稷《キムヒョンジク》先生におかれては、国の柱になってくれることを望む気持ちで、ご子息様の名を金成柱《キムソンジュ》とつけられた。

敬愛する主席様の家族は代々貧しい生活をされたが、皆が国と人民を愛する心を強く持っておられた。

金亨稷先生におかれては**「志遠」**の愛国思想を持ち、国内の各地と中国の東北地方にまで出かけられ、反日独立運動を指導され、国と民族の運命を救う道にみずからの一生を捧げられた。（略）

この時期、お父様におかれては重患のお身体だったが、闘争を中断されなかったばかりか、ご子息様に自身の闘争過程で得た貴重な経験と教訓についてよく話された。これとともに「志遠」の思想と三大覚悟、2丁のピストルを遺産としてお渡しなされた。（中級3－57P）

井沢　そうですか。しかし息子の金正日《キムジョンイル》が白頭山《ペクトウサン》で生まれたというのは、明白な嘘ですね。

父親は日本軍と戦っていたことになっていましたから、朝鮮半島内にいなければおかしいわけですが、実際はソ連にいたわけですから、正日が生まれた場所も、当然そのあたりでなければおかしい。

萩原　生まれたのはソ連軍の第八八特別旅団にいたときですからね。当時、生まれたばかりの金正日におっぱいを飲ませたという乳母《うば》の中国人の女性がいて、北京に住んでいたその人に私は一九九二年に会いに行って、その当時の状況も聞きました。李在徳さんという方です。先ほども挙げた私の『朝鮮と私　旅のノート』の中で、李さんと私が並んで写っている写真を載せています（同書154ページ）。金正日のお母さんの金正淑《キムジョンスク》はおっぱいが出なかったそうです。その女性は「私がちょうど娘を産んだときで、お乳がたくさん出るときだったから飲ませてやったんです」と、話していました。

井沢　本当の出生地はどこになるのでしょうか。

萩原　ハバロフスク近郊のブヤツコエという小さな村とされています。

井沢　いずれにしろソ連領内ですよね。

萩原　「しょっちゅう偵察や何やで外に出ていて、生まれたときのことは私は知らなかったけれど、戻ってきたら金正日が生まれていた」と、私が会ったその女性が言うのです。

井沢　しかしいまは、北朝鮮領内の白頭山に、金正日はここで生まれたと特定された場所があるんですよね。

萩原　それらしい丸太小屋までつくっていますが、全部嘘です。白頭山が使われたのは、日本人にとっての富士山のように、朝鮮民族の聖地のような場所が白頭山だからです。

井沢　山岳信仰ってありますよね。日本の白山《はくさん》信仰は白頭山の流れではないかという人もいます。要するに人も信仰も向こうから来ているわけでしょう。朝鮮から海を越えると、すぐ北陸じゃないですか。白山は、形もわりと似ているのです。白い山で、富士山みたいな山ではなくて、ちょっといびつで、雪が積もる。いま韓国の人が白頭山にツアーで行くのも、そういう聖なる意識があるのでしょうか。

萩原　あるでしょうね。朝鮮人にとって、白頭山は、生まれて一度は行ってみたいところだといいますから。

日帝との最後の決戦のための準備が、着々と推進されていた時期の1942年2月16日、敬愛する金正日将軍様におかれては白頭山密営で誕生された。朝鮮人民革命の軍隊員たちは、木や岩などに「あぁ、朝鮮よ！　同胞たちよ！　白頭光明星の誕生をここに知らせる！」、「2千万同胞よ！　白頭山に白頭光明星が独立天出竜馬に乗って出現した！」などの文字を彫りこみ、将軍様の誕生を知らせた。

　日帝によって全家族を失い早くから革命の道を歩まれ、敬愛する金日成主席様を忠誠で崇め決死擁衛なされた金正淑お母様におかれては、ご子息を白頭山の息子として育てることを固く心に誓われた。

　当時密営には何もかもが足りなかった。お母様におかれては主席様とご自身の軍服を切りちぢめてご子息に着せられた。女性隊員たちは、自分たちの軍服から引き出した綿とハギレをつぎ合わせたふとんをお母様に贈った。

　１９４２年６月、白頭山密営を訪ねられた主席様におかれては、女性隊員たちが抱かしてくれたご子息を胸に抱き、次の世代を立派に育て革命の代を継がせて、彼らが白頭山で掲げた赤旗を代を継いで揚げていこうと熱く語られた。

（中級３－132・133Ｐ）

井沢　ところで、キム・イルソンのイルが子どものジョンイル、イルに継がれているわけ

「白頭山密営の故郷の家」
(「中級３」の教科書から)

ですが、朝鮮ではイルという字は大切なんでしょうね。〈太陽のように〉ということですよね。

萩原　最初は、正日ではなくて、日本は、正一《ジョンイル》と報道していた。ところがわざわざ北朝鮮からマスコミに通告が来て、「太陽の日ということで正日なのだ」と、ある日、いっせいに正日になった。それまではみんな、金正一と言っていたのです。

金正日誕生のくだりを読んでいると、キリストの誕生を思わせるような文です。貧しい家の中で、みんなでぼろを着せて育てたとか。

井沢　朝鮮神話には伝説的な朝鮮の初代

王として、檀君《ダンクン》の話がありますよね。そうそう、金日成の墓はピラミッドっぽいですね。

萩原　そんなふうに聞きましたね。私の在任中はありませんでした。

井沢　檀君陵を模《も》したとか。いずれすべてのウソが全部ばれたとき、この人たちはどうなってしまうのだろうと思います。

金日成が子どものときに、故郷と中国の間の長い道のりを往復したという伝説の道もありましたね。

萩原　「学びの千里の道」です。千里というのは日本の百里のことです。日本の一里を、向こうは十里というのです。すると千里は四百キロですから、ちょうど平壌から国境くらいまでの距離になりますね。

幼い頃から、ご両親から愛国主義教育を受けて成長された主席様におかれては、8歳から12歳まで両親に従い中国の臨江、八道溝で過ごされながら、亡国民族の悲しみと苦痛を感じとられた。1923年3月には、12歳の幼い歳で朝

> 鮮をよりよく知るために、中国の八道溝から故郷の万景台まで**学びの千里の道**を歩き昌徳学校で学ばれた。１９２５年１月には国を取り戻すとの決心を胸に抱き、万景台をあとにして中国までの**光復の千里の道**をお歩きなされた。（中級３－58Ｐ）

萩原　千里なんていうと、「母を訪ねて三千里」を連想しますが、これもあとからつくった神話です。

その「学びの千里の道」には諸説があって、金日成のお父さんの金亨稷《キムヒヨンジク》という人は漢方医だったとされていますが、実は漢方医は表向きのことで、裏では麻薬の密売をやっていたという説があります。その関係でお父さんは中朝国境を出たり入ったりしていた。それで父親が鴨緑江《おうりよくこう》の中国側に移住すると、息子もついていかざるをえなかった。ところが息子がすぐ中国語に慣れたものだから、やはり朝鮮語をしっかり覚えさせたいということで、母親の康磐石《カンバンソク》の実家はキリスト教にかかわりのある、要するに名門でしたので、「朝鮮語を勉強してこい」と言ってそこへ送り返した。

そのことを「学びの千里の道」とか言っているわけで、単に父親の仕事の都合なんです。その子が独立するまで、俺は国に帰らないなんて格好いいことを言っているけれど、単に親に連れて行かれた子どもの話なのです。それも全部美談に仕立て上げている。

麻薬の売人だったということのほうが、私は事実に近いのではないかと思います。

井沢　たしかに普通のお医者さんだったら、別に中国に行く必要はないわけですね。そこで開業していればいいから、わざわざ言葉の違う国と本国を往復する必要はまったくないわけですね。何か商売をしていたのかもしれない。

萩原　北朝鮮は麻薬の産地です。「日本の薬は全然効《き》かない。朝鮮の薬はよく効く」と、脱北者の連中が言うのですが、それは麻薬を使っているからなのです。

井沢　それは痛みがすぐ治まるとか、そういうことなのですね。

萩原　そうなんです。下痢をしても、すぐに効くという。

おそらくモルヒネやアヘンといったたぐいの薬なのです。だから即効性があるのでしょう。漢方薬といっても、そういった薬がけっこうある。父親に多少の漢方の知識

부모님과 동생들속에 계시는 경애하는 김일성주석님
(왼쪽으로부터 첫번째분이심)

「父母様と弟たちとともにいらっしゃる
敬愛する金日成主席様
（左端のお方であられる）」

「学びの千里の道 路程図」

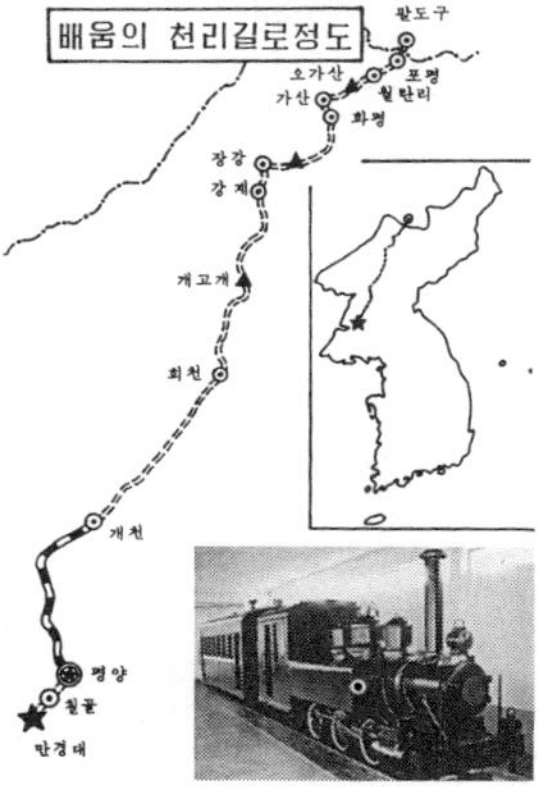

투쟁에 한생을 바치신 불굴의 혁명투사이시였다.

삼촌과 동생, 외가분들도 나라와 민족을 찾는 길에 모든것을 다 바쳐 싸우신 열렬한 애국자들이였다.

어린 시절부터 부모님으로부터 애국주의교양을 받으며 자라나신 주석님께서는 8살부터 12살까지 부모님을 따라 중강과 중국의 림강, 팔도구에서 살면서 나라잃은 민족의 설음과 고통을 느끼시였다. 1923년 3월에는 12살 어리신 나이에 조선을 더 잘 알기 위하여 중국의 팔도구에서 고향 만경대까지 배움의 천리길을 걸어 창덕학교에서 공부하시였다. 1925년 1월에는 나라를 찾을 결심을 안고 만경대를 떠나 광복의 천리길을 걸으시였다.

（ともに「中級３」の教科書から）

があったから、中朝国境で商売をしていたと思うのです。父親の仕事の都合で中国と朝鮮を行ったり来たりしていただけの話です。

族譜《チョクポ》が存在しないことでわかる、金日成の出自

井沢　朝鮮では血筋を何代もずっとたどっていって、どれだけ由緒正しいかということを遡《さかのぼ》る方法がありますね。

萩原　族譜《チョクポ》のことですね。

井沢　金日成には、そうしたものはないわけですね。

萩原　金日成にはないのではないですか。聞いたことがありませんね。

井沢　北朝鮮でも、先祖が支配者階級のヤンバン（両班）だったとか、王族につながりがあったとか言いますか？

萩原　ヤンバンばかりで下の人間はいないのじゃないかというほど、「俺は先祖がヤンバンだった」と、北朝鮮から来た連中でも言います。井沢さんも先ほどおっしゃったように、先祖を重んじる儒教というものが、いまでもがっちり根を下ろしていま

す。

井沢　儒教が共産主義と共通しているのは、民間から何らかの手段で選ばれた官僚がすべてを支配するというところです。選ばれた人のほうがはるかに偉くて、民はだめだという官尊民卑の発想です。優れた人たち、選ばれた人たちが愚かな民を指導して何が悪いか。みんなにやりたいようにさせる民主主義のようなことをやれば国は崩壊するだろう、という発想があります。

萩原　儒教と共産主義は似ているのです。

井沢　それと権力の世襲も似ています。金父子の権力継承には、スターリンも生きていたらびっくりしたでしょう。

ところで金日成が第八八特別旅団にいた時代には、いまもそうですが朝鮮民族は国境を越えて沿海州のほうにずいぶんたくさん住んでいたわけですね。

萩原　そうなんです。沿海州とかハバロフスク、ナホトカ、ウラジオストクあたりに多く住んでいます。北朝鮮を逃れていく人は、中国やロシア側へ行くのです。そして南朝鮮の人は日本に渡ってきます。いまだに一〇〇万近い人が日本にいるのはそのせいです。沿海州にいた朝鮮人は、後にスターリンの命令で、タシケントなど中央アジアに移住させられるのです。

井沢　強制的に移したわけですね。

萩原　それこそ強制連行です。いきなり貨車に乗れと言って、家畜を運ぶように何十万人も運ぶのですから。私が兪成哲さんに会いにタシケントへ行ったとき、空港でやたら朝鮮語が聞こえるのです。一九五六年に金日成の迫害を逃れて、生まれ故郷のタシケントに亡命した兪さんが空港に出迎えに来てくれる約束だったのですがいないので、私は重いバッグを担《かつ》いであちこちを探したのです。「兪成哲先生はいませんか」と私が言っていると、「そんな重いバッグは置いておけ。私が探してやる」と言って、二十歳《はたち》過ぎの朝鮮族の若い男が走り回って連呼して見つけてくれたのです。親切な朝鮮人の青年でした。それほど空港には朝鮮族が多かった。中央アジアにはいまだにいるのです。ウズベキスタンとカザフスタン、あのあたりは朝鮮族が四〇万人住んでいると言います。やたら朝鮮語が聞こえてくるというのは、それなりの理由があったのですね。

井沢　スターリンが、民族移動のように朝鮮人を強制的に移した理由は何ですか。

萩原　沿海州に朝鮮人を置いておくと、日本軍のスパイになるからというのです。

井沢　持っていく先はどこでもよかったのですか。

萩原　やはり中央アジアあたりが、土地が広いからでしょうか。だからいまだにたくさんの朝鮮族が住んでいます。兪成哲さんもカザフスタンのタシケントにいたのです。

共産主義の思想は、そもそも歴史を捏造《ねつぞう》する傾向がある

井沢　日本もかつて大日本帝国の時代がそうでしたが、韓国であれ、北朝鮮であれ最大の問題は、歴史というものが、真実を追究するものではなく、何かの目的のために利用できるものだとしていることです。たとえば子どもを洗脳するため、自分たちの民族の団結心を固めるため、歴史を利用している。つじつまを合わせるために嘘を言うことになるわけです。

歴史の一番大切なことはジャーナリズムと同じだと思います。真実を明らかにする

ことですよね。歴史は真実を明らかにすることが目的であって、それ以外の目的を持ってはいけないのです。

萩原　そのとおりです。そもそも私がこれを訳そうと思ったのは高校の教科書が、「朝鮮戦争は韓国とアメリカの侵略だ」と書いているのを見つけたのがきっかけでした。それを北は撃退したとしている。私はワシントンで三年間も北朝鮮のがらくたのような資料を見ていき、その中から時折ダイヤモンドのような資料を発見して、北の主張は真っ赤な嘘だと証明したにもかかわらず、です。

井沢　大変ご苦労されたのですね。

萩原　あの努力はいったい何だったのか。教科書を見て、私の全仕事を真《ま》っ向《こう》から否定されたような気持ちになった。日本の教科書はだいたい私たちの主張のように、いまは書き換えているのです。あれは北からやったんだとしています。

ところが、それまではそうではなかった。南とアメリカが北に攻め込んだ、となっていました。ですから、私の努力も日本の教科書においてはいちおう反映しているという多少の満足感はあるのですが、それを真っ向から否定してきたのが朝鮮学校の教科書なのです。しかもいまも使っているというので、これは許しがたい。しかもそれに日本の公費を注《つ》ぎ込んでいるのは、なんということか。

井沢　とんでもない話ですよね。

萩原　これはちょっと話にならん、というのが翻訳の動機なのです。そのこと以外の崇高な目的があったわけではない。

井沢　いやいや、それは崇高な目的です。公費を注ぎ込むということで言えば、かつてそれこそ一橋大学とか東大とか、日本人の税金から援助がなされている国立大学で、朝鮮戦争は北朝鮮が被害者だというばかなことを堂々と教えていたわけです。しかもその一番の重鎮が一橋大学の名誉教授になって、もう亡《な》くなりましたけど、いまだに近代史の世界では強い影響力を持っている。冗談じゃない。

萩原　藤原彰《ふじわらあきら》ですね。あの人は陸軍士官学校を出て、旧軍の少佐でした。塹壕《ざんごう》の掘り方とか、そういうものを得々とゼミ生に語ったといいます。戦争のやり方についてそれなりに権威があった人です。旧軍出身者であって大学の先生になった、数少ない一人でした。だから藤原さんの言うことはもっともだと信じられた。

井沢　正しいということになってしまったのですね。あの人は一言で言うと、歪《ゆが》んだ贖罪《しょくざい》意識の持ち主だと思います。悪いことをしたと反省するのはいいですよ。しかし悪いことをしたからといって、相手のいいなりに歴史を変えて、しかも日本人は悪いんだと言いつづけることが正しいのかといったら、それは間違いです。

萩原さんの労作『朝鮮戦争』（文春文庫）にもあるけれど、たとえばもし韓国が先に仕掛けたなら、なぜ奇襲という作戦をとらなかったのか。そういうことも陸士を出た人ならわかるはずなのです。仮に韓国とアメリカが歩調を合わせて奇襲をしたとしたら、北朝鮮は少なくとも当初数日間はやられっ放しになるはずです。反撃なんかなかなかできないはずなのに、あっという間《ま》に反撃したということになっているでしょう。軍の常識ではそんなことはあり得ないわけです。そういうことは他の人はわからなくても、藤原さんならわかるはずなのです。

にもかかわらず、死ぬまで北朝鮮が被害者だ、悪いのは韓国、アメリカだと言いつづけたのは歴史学を冒瀆《ぼうとく》するものであって、一橋大学は名誉教授の肩書をなぜ取り消さないのかと、いつも思うのです。共産主義にはそもそも事実を捏造《ねつぞう》するというところがあるのではないですか。歴史も含めてニュースもそうですが、要するに革命とか人民共和国の成立とか、共産主義には崇高な目的がある。そのためにはどんな手段をとってもいいというのは、私は間違いだと思うのです。

萩原　おっしゃるとおりです。歴史の捏造は朝鮮学校の教科書にいくつもあるのです。このこと自体も許せませんが、それに日本の税金を出すということが、より許せない。

文部科学省の役人たちは教科書の中身を読んで言っているのか。大新聞の社説で朝鮮学校を無償化しないのは差別だ、といっせいに書きたて、それに反対する声はひとことも紹介しないのもおかしい。それが私が一番言いたいことです。読みもしないのに、この教科書が正しいという。こういう教育が正しいとなぜ言えるのかという、そもそも素朴な怒りから発したわけです。

井沢　とにかく思想の自由があって、教育の自由がある。中にどんなことが書かれていても、問題なく金は出すべきだという考え方も一部にはありますよね。

萩原　中身を問わないというのはおかしなことです。私が自民党の文部科学部会に呼ばれたときに安倍晋三《あべしんぞう》元首相がおられて、「そういう文科省の態度だったら、人殺しを教えているオウム真理教にも金を出すんですか」と、その場にいた文科省の役人に言ったら、ただ黙って聞いているだけなのです。

井沢　ナチスのユダヤ人差別の学校もつくっていいことになりますよね。

萩原　中身を問わないというのは、そういうことなのです。だからとんでもない話です。初めに無償化ありきということ自体がとんでもない話でしょう。やはり教育というのは中身なのです。どんな教育をするか。しかもよその国の公金を要求する以上は、自分たちで翻訳して、まず監督官庁などに配るべきではないか。

井沢　文科省は日本の教科書は検定しているのですよ。だからダブル・スタンダードです。どんなものにも金を出すと言っておきながら、自分の国の教科書は検定しているわけだから、こんないい加減な話はないわけです。日本の教科書には検定していろいろ文句をつけているのに、明らかな嘘が書かれている朝鮮学校の教科書には検定をしない。とんでもないですよね。読んで確認しようともしない。怠慢な上に傲慢《ごうまん》です。

三章　世界の歴史常識が通用しない、恐ろしい戦後史

（1）南北分断と朝鮮戦争

恩人・ソ連を裏切ってまで生き延びようとした、独裁者・金日成《キムイルソン》

井沢　第二次世界大戦後の北朝鮮の歴史を記述しているのが、一巻から三巻までの3冊に分かれた「高級学校歴史教科書」ですね。

萩原　前の章でお話しした金日成の初登場の場面は、次のように書かれています。

> 敬愛する主席様の祖国凱旋を歓迎する**平壌市群衆大会**が1945年10月14日に、モランボンのふもとにあった平壌公設運動場（現在の金日成競技場）で開かれた。大会場は、平壌市はもちろん、北と南の各地から集まって来た数多くの群衆で埋め尽くされた。

> 百戦老将が出て来るとばかり思っていた群衆は、30代の青年将軍であられた敬愛する**金日成**主席様が演壇に現れると、驚嘆の歓呼の声を上げた。
> 敬愛する金日成主席様におかれては、人民の熱烈な歓呼に答礼なさり、「**あらゆる力を新しい民主朝鮮建設のために**」という歴史的な凱旋演説をなさった。（高級1－13P）

井沢　若僧の出現に「カッチャ、カッチャ」と言ったはずの群衆が〈驚嘆の歓呼の声を上げた〉のですね（117ページ写真参照）。面白いですね。

ところでソ連の傀儡《かいらい》として送り込まれたはずの金日成が、その後ソ連の影響力を排除していくわけですが、その過程はどうなっているのでしょうか。

萩原　そのきっかけとしては、朝鮮戦争が大きかったと思います。武器も全部ソ連からもらって、ソ連軍の軍事顧問によって、ソ連式の軍事訓練を受けたわけでしょう。金日成は負けるわけがないと思い込んでいた。

ところがアメリカが出てきて、こてんぱんにやられ、しかも北朝鮮はめちゃくちゃに爆撃されました。そうしたらもう、自分が仕掛けたという言い訳が立たないじゃないですか。だから、ソ連に裏切られた、とした。なぜあのとき武器をもう少し援助してくれなかったんだと、ソ連を恨《うら》みに思う気持ちがあったのだと思うのです。

それで停戦になるや、真っ先に国内のソ連派を粛清するのです。ついには許哥誼《ホガイ》という大物を殺してしまう。彼は党の副委員長をやっていたほどの重要人物です。ソ連派に対して猛烈な弾圧を始めたわけです。

井沢　中国とは逆に結びつきを強めるのですね。

萩原　中国が人民軍を出してくれたということで、中国は北朝鮮に優遇されます。

井沢　そういう粛清をしたことで、ソ連は干渉しないのですか。

萩原　朝鮮戦争が始まる前、一九四八年に、朝鮮民主主義人民共和国ができますね。その後まもなくソ連は撤兵するのです。

1948年9月2日から、平壌で**朝鮮最高人民会議第1回会議**が開かれ、9月9日、朝鮮民主主義人民共和国の創建が全世界に宣布された。会議では**朝鮮**

朝鮮学校「歴史教科書」関連年表②(1945年～2002年)

西暦	事　　項
1945	9月2日、米ソが「38度線分割案」を世界に公表
	10月14日、金日成の祖国凱旋を歓迎する群衆大会開催
1946	2月8日、北朝鮮臨時人民委員会設立。金日成委員長選出
1948	4月3日、韓国・済州島における民衆蜂起と大弾圧
	8月15日、大韓民国、9月9日、朝鮮民主主義人民共和国樹立。ソ連軍に軍隊の撤収を要請、年内に完全撤収終了
1950	6月25日、朝鮮戦争勃発。10月、中国参戦
1953	7月27日、停戦協定調印
1955	5月25日、在日本朝鮮人総連合会の結成
1956	8月、現代修正主義者たちとの党内抗争起こる
	この年、千里馬運動が始まる
1957	第一次5カ年計画スタート
1959	12月、在日朝鮮人の帰国事業開始
1965	6月、日韓協定締結
1967	5月、労働党中央委員会第4期第15回会議で、金日成独裁体制を確立。主体思想を盛り込んだ十大綱領発表
1974	金正日、党中央委員会委員に選任（後継者として推戴）
1980	党大会で、金正日書記長が党ナンバー2に選任
1987	大韓航空機爆破事件
1994	7月8日、金日成主席死去
	10月、アメリカから軽水炉（原発）の供与合意
1997	金正日、朝鮮労働党総書記に選任
1998	強盛大国建設構想を発表。国防委員会委員長に推戴
2000	平壌で南北首脳会談開催
2002	平壌で日朝首脳会談開催。金正日が日本人拉致を認める

民主主義人民共和国の憲法が採択され、敬愛する主席様を首班とする朝鮮民主主義人民共和国政府が組織された。

共和国政府は連立内閣として構成されたし、ここには北南朝鮮の基本的な政党、社会団体等が参加した。朝鮮民主主義人民共和国政府は、朝鮮人民自身の手で建てた自主的で合法的な人民の政府であり、北南朝鮮人民の総意によって建てられた真正な統一政府である。

敬愛する**金日成**主席様におかれては、次のように教示された。

「朝鮮民主主義人民共和国の創建と、中央政府の樹立は、祖国の統一と自由独立のための南北朝鮮人民の団結した闘争の結実であり、わが人民の偉大な歴史的勝利であります」

共和国は創建のその日から、自主的な対外政策を実施し、**ソ連**に**軍隊の撤収要請書**を送った。そして、1948年12月までに、北朝鮮からソ連軍を完全に撤収させた。（高級1－52、53P）

萩原　ですからソ連軍が国内にいない状況で朝鮮戦争が始まったのです。ただ、撤兵したときにソ連軍は武器も何もかも全部置いていった。ナチスと互角に戦ったぐらいの武器ですから、北朝鮮の連中にとっては最新式の兵器をもらったわけです。

北朝鮮でのソ連派の粛清にソ連が干渉するといっても、朝鮮戦争停戦のころは、ソ連も面目丸潰れでしたからね。干渉するどころの騒ぎではない。あんなにこてんぱんにやられるとは思わなかったのです。中国の助けを借りて、かつかつ停戦に持ち込みましたが、ソ連の影響力はがた落ちでした。ソ連がもうちょっと助けてくれたらと、キム・イルソンは本当に怒ったと思うのです。

井沢　ソ連の軍事援助が効を奏さなかった理由は、何だったのでしょうか。援助するものが足りなかったとか、あるいは武器自体がアメリカに劣っていたとか、どのあたりにあるのですか。

萩原　何と言っても、飛行機です。終盤ではソ連がミグを与えてくれて、それに北朝鮮の国旗をつけてソ連のものとはわからないようにして、飛ばしたりした。そして朝鮮人のパイロットを促成栽培するのですが、間《ま》に合いませんでした。

井沢　闘いの当初に制空権を握られたのが敗北の原因ですか。
萩原　そう、それが敗北の原因だった。
井沢　ソ連はそこまで予測していなかったわけですね。いきなり上空から米軍機がドンドン来るとは。

それはともかく、朝鮮戦争開始の記述を読みましょう。萩原さんが絶対に許せないとおっしゃる箇所ですね。私も同感ですが。

> 米帝のそそのかしのもと、李承晩は1950年6月23日から38度線の共和国地域に集中的な砲射撃を加え、6月25日には**全面戦争**へと拡大した。共和国政府はただちに李承晩「政府」へ戦争行為を中止することを要求し、もしも侵攻をやめないときには決定的な対策をとることを警告した。しかし敵は戦争の炎を引きつづき拡大した。
> 6月25日共和国に作りだされた厳重な事態と関連して**朝鮮労働党中央委員会政治委員会**が招集され、ついで**共和国内閣非常会議**が開かれた。

> 敬愛する**金日成**主席様におかれては、会議で朝鮮人をみくびり刃向かう米国のやつらに朝鮮人の根性を見せてやらねばならないとおっしゃりながら、共和国警備隊と人民軍部隊に敵の武力侵攻を阻止し即時反攻撃にうつるよう命令をお下しになった。（高級1―79P）

萩原　金日成というのは一筋縄ではいかない男です。彼は朝鮮戦争を仕組むときに、スターリンを逆に説得するのです。後に明らかになった秘密文書によると、「絶対勝つ。アメリカは出てこない」と思い込んでいて、スターリンに吹き込む。アメリカも極端なことはやらないだろうと、スターリンにも読みの甘さがあったと思うのです。

井沢　アメリカはその前に、アチソン国務長官が、「朝鮮半島は大丈夫だ」などと言いましたよね。

萩原　「ソ連の防衛線はここまでだ、アメリカの防衛線はここだ」と言って、アチソンはアメリカの防衛ラインから朝鮮を外《はず》すのです。それが誘い水になったということとはありましたね。
アメリカは第二次大戦が終わった結果、好況に沸いて、いわば無傷で肥え太りました。絶頂期が五年もつづいた後ですから、どこかで戦争がほしかったのでしょう。要するに朝鮮が格好の餌食《えじき》だったのです。
ですからあの当時のアメリカの将軍が言ったように、「どこかに朝鮮がなければならなかった」ということだったのです。どこでもいいのです。ユーゴでもいいし、場所は問わない。

井沢 日本も朝鮮特需で復活した。

萩原 あっという間に戦前の状態を追い越すぐらいの勢いだったでしょう。だから北朝鮮の人は日本だけが先に豊かになったことについて恨みつらみがあるのでしょう。けれども、日本が豊かになった原因にしたって、朝鮮戦争を起こした彼ら自身にあるのではないかと、思うのです。「朝鮮戦争はあなた方がやったのじゃないか」と言うと、彼らは沈黙せざるをえないわけです。
いまの韓国人の一番の泣き所は、「北朝鮮は中国の属国になっているじゃないか、あんたらはいままで何をしていたんだ」と言われることです。これまでずっと「寝ていても統一が来る。熟した柿が落ちるように棚ぼた式に、放っておいても統一は来る」と言いつづけてきた。中国も、北朝鮮のことはソ連に任せてあるようなかたちだった。そしてソ連が崩壊して、「もうこれで次は統一だ」と思ったら、何のことはない、中国がワッと出てきた。いまや羅津港《ナジン》は六〇年（一説では五〇年）租借、主な鉱山は全部何十年かの租借で中国に取られてしまった。

井沢　本当の植民地になってしまったのですね。

萩原　北朝鮮は属国になって事実上中国圏に入ってしまったから、もう韓国は手が付けられないのです。それを言うと彼らは激怒するのですが、「あんたらはなぜ重要なチャンスを逃したのか。寝ていても統一は来るなんて、あんたらの見通しの甘さが今日の状況を招いたのではないか」と言われたら、もう黙るしかないのです。

井沢　朝鮮半島が分断国家になったということについては、教科書はどういうふうに書いているのですか。

萩原　こんな記述がありますね。第二次大戦終戦直後の状況を述べたものです。

アメリカは、軍事的便宜上38度線を境界線にし、ソ連が北朝鮮、アメリカが南朝鮮にある「日本の軍隊の武装解除」をするという、「**38度線分割案**」を提示し、これをソ連に通知した。ソ連の同意を得たアメリカは、8月15日に「**一般命令第1号**」を米太平洋方面軍総司令官マッカーサーに伝達し、9月2日に日本が公式に降伏の署名をすると同時に、世界に公表した。そうして、朝鮮半島には日本の軍隊を武装解除するための臨時分界線である38度線が引かれ、ソ米両軍が駐屯することになった。（高級1－6P）

萩原　このあとには、〈アメリカによる南朝鮮の力ずくの占領と布告は、38度線が朝鮮半島と私たちの民族を永遠に分けるための分界線になることを予告した〉とありまして、アメリカが力ずくで南朝鮮を占領したという書き方ですね。

井沢　ここだけ読むと、わりとソフトな書き方です。現時点で北朝鮮は、アメリカを悪い悪いと言いまくっているわけでしょう。生徒たちに対してももっとアメリカは悪い奴だというふうに強調しておけばいいと思うけれど、そのへんはそうでもないのですか。

萩原　もちろん、アメリカが朝鮮半島を分断したということを言っていますけれど、事務的な手続きを踏んで分断されて、これを世界的にも認めさせてしまった、という印象を受ける文章です。日本に関して言えば、「日本の軍隊は武装解除をしているので、日本ぬきでソ連とアメリカで分けてやりましょう」ということです。

アメリカの分断の責任については言及していますが、日本のことは触れていないですね。

井沢　そこのところは韓国の教科書よりはましだと思う。

萩原　ましと言うか、意外とスルーしているという感じです。

井沢　韓国の教科書には、「日本が出兵せずにぐずぐずしていたから、それぞれの勢力が出張ってきてやられてしまった」という趣旨のことが書いてある。朝鮮戦争が長びいたことを日本のせいにしているのです。

私がもし朝鮮高級学校に行っていたとしたら、民族は同じなのに、韓国という国がなぜできてしまったのかということに、素朴な形で疑問を抱くと思います。せっかく金日成様がいたのに、なぜ統一されないのだろうと思うわけです。
そういう疑問には教科書はどう答えているのでしょうか。朝鮮戦争で統一しようとはしましたよね。しかしそれ以前に、そもそもなぜ分裂したのかということについて説明はあるのですか。

萩原　私は読んだことがないですね。既定の事実として、二つの並立国家が前提としてある、というような書き方です。

井沢　私がもし教科書の執筆者で金日成の忠実な部下だったら、「わが祖国は元は一つだったのに、アメリカと手を組んだ反動主義者が韓国という傀儡国家をでっち上げた」というような書き方をするのではないかと思うのです。

萩原　統一のことについては本当に書かれていないのです。

井沢　そこが不思議なんです。なぜそこを書かないのかな、と思う。そこを書けば、韓国や日本やアメリカを、いくらでも悪者にできるじゃないですか。

萩原　ただ、高級学校一年の教科書に、朝鮮戦争開戦前の状況の説明として、こうあります。

> 戦争挑発をこれ以上先送りできないと考えた米国大統領トルーマンは、6月17日米国務省顧問ダレスを朝鮮に急きょ派遣し、国防長官ジョンソンと合同参謀本部議長ブラッドレーを日本に送り込んで全面的な戦争準備をさせた。38度線を視察して戦争を挑発の日と確定したダレスは、6月21日、東京でマッカーサー、ジョンソン、ブラッドレーと秘密会談を持った。この会談では対日単独講和条約問題を看板にかかげて実際には朝鮮での侵略戦争挑発と中華人民共和国の領土である台湾占領に関連した問題を討議した。（高級1－76P）

井沢　これを読めば、アメリカが悪いという感じはします。三十八度線分割地図のようなものが載《の》っています（172ページ上段）が、日本がアメリカ側に丸々入っている。アメリカとソ連の勢力分野を線引きしたものですね。

朝鮮戦争で負けたことは、教科書には書いていないのでしょう。

萩原　もちろん、書いていません。

井沢　どういうふうに収まったと書いてありますか。

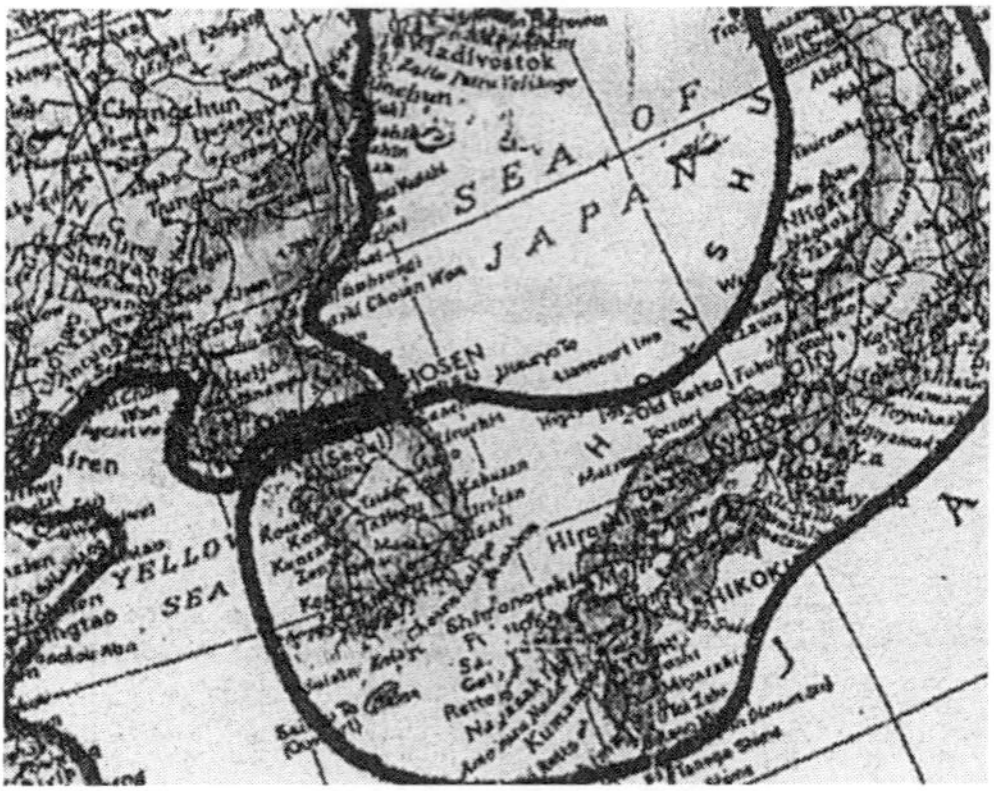

미국의 38도선분할지도
「アメリカの38度線分割地図」
（「高級1」の教科書6pより）

萩原　まず一九五一年の段階で、こんな記述があります。〈こうして米帝の「夏期及び秋期攻勢」は1951年11月に完全に破綻した（高級1－94P）〉

高級学校のこの教科書で朝鮮戦争についての記述は、量的にはものすごく多いのです。結局、「高級1」の後半は、全部朝鮮戦争の記述です。

戦争の終結については、〈米帝の「新攻勢」企図を粉砕した人民軍は戦争の最終勝利を早めるために、1953年5月中旬から7月下旬まで三回にわたって強力な打撃戦を繰り広げた。この打撃戦で人民軍部隊は各地域で多くの敵を消滅し、343k㎡の広い地域を解放した（高級1－110Ｐ～111Ｐ）〉とあります。つづけて、〈日毎に敗北のみを重ねて行き詰まり窮地に陥《おちい》った米帝は1953年7月27日朝鮮人民の前に膝を屈し、板門店で停戦協定に調印した（高級1－111Ｐ）〉と書いています。


日毎に敗北のみを重ねて行き詰まり窮地に陥った米帝は1953年7月27日朝鮮人民の前に膝を屈し、板門店で**停戦協定**に調印した。

朝鮮停戦協定は「名誉の停戦」を言い立てながら軍事的敗北を美化する目的で持ち出した米帝の全ての強盗的な要求と不当な主張を粉砕し、共和国側が提示した基本原則に従って締結された。

停戦協定は、停戦の確固さを保障すると同時に朝鮮問題の完全な解決のための**政治会議**を召集し、「朝鮮から全ての外国軍隊の撤去及び朝鮮問題の平和的解決等の問題を協議」することを規定した。

3年間の祖国解放戦争は、全朝鮮を占領し、さらにアジアと世界を制覇しようという米帝の侵略計画を破綻させた。

また米帝の「強大性」の「神話」を打ち砕いてしまい、下り坂の始まりとなり、民族解放のための世界人民の闘争を大いに鼓舞した。
全世界の進歩的人民は、世界史上初めて米帝に打ち勝ち、祖国解放戦争を勝利に導かれた敬愛する主席様を「偉大な軍事戦略家」、「反帝闘争の象徴」として高く称賛し、わが人民を英雄的人民と称揚した。（高級1－111P）

萩原　そもそも「高級1」の第2編❹の見出しは、「朝鮮人民の偉大な勝利」ですし、最終ページにある金日成の写真には、「祖国解放戦争の勝利を慶祝する平壌市群衆大会で演説される敬愛する金日成主席（1953・7・28）」とあります。つまり、「勝った」と教えているのです。

井沢　〈朝鮮人民の前に膝を屈し、板門店で停戦協定に調印した〉とありますが、現実は、米軍を南朝鮮から追い出すことはできなかったわけです。生徒たちはこれを読んで首をかしげないのでしょうか。

朝鮮学校高級一年生の後半は、すべて朝鮮戦争

井沢　もし賢い子が、「先生、どうしてソウルはまだわが人民共和国の領土ではないのでしょうか」と聞いたら、教師はどう答えるのか。そういう質問をしたりすると、学級委員の地位を剝奪《はくだつ》されたりするのでしょうか。

北朝鮮にいる生徒がこういう教科書で授業をされても、ああそうかと思うだけかもしれないけれど、日本にいる在日の子どもたちはいくら中学生、高校生でも、これを読んだらおかしいと思うのではないですかね。

萩原　そのことを生徒たちの親が言うのです。「二重思考を強要するものだ」と言って批判している。教科書のとおりに書かないと点を取れず、卒業できないわけです。

ですから先生の前ではいい子ぶって理解したふりをし、一方、朝鮮学校を出たら日本の情報があふれていますから、そんなことは忘れてしまう。

ところが子どもを朝鮮学校に行かせないと、北朝鮮国内で人質に取られた身内がまた迫害されるということで、いやいや行かせている。だからわれわれの耳にも聞こえ

てくるのは、「先生方の努力で、早くあの朝鮮学校を潰してください」という声です。「行かせなければいいじゃないか」と反論すると、「いや、身内を人質に取られているから」と言う。

大学は日本の学校へ行かせたい、という親はたくさんいるのです。けれども北朝鮮で人質になっている身内は「朝鮮の大学に行かせてやってくれ」と言うわけです。行かせないと俺の身が危ない、というわけです。そういう人質政策で自分たちの目的を遂《と》げるというやり方が、匪賊《ひぞく》や馬賊以来の伝統なのでしょう。それと同じことを金日成の北朝鮮がやってきたわけです。

井沢　話を戻しますが、高校一年生で使う教科書のうち、74ページから112ページの最後までがえんえんと朝鮮戦争となっています。

ここには、信じられないほどいいかげんなことが書かれています。先ほども話に出た停戦の部分もあのような書き方ですから、ほぼ四〇ページにわたってこうした記述が続くわけで、朝鮮学校の生徒は、まったく嘘とでたらめの朝鮮戦争史を半年にわたって学ぶことになる。朝鮮学校の高校一年生の秋から冬というのは、どういうことになってしまうのでしょうかね。

北朝鮮国内だったら旅行の自由もないし、テレビを見たりして正しい史実に修正することもできないから通用するかもしれないけれど、日本だったら図書館に行けば萩原さんの本だって読めるわけです。精神衛生上よくないことですね。

たぶん頭のいい子どもでないと、こういうダブル・スタンダードは自分の中で使い分けられません。それもつらいことですね。

萩原　いまの子はそういうことを簡単にやれるものだ、という人もいるけれど、どうなのでしょう。

純真な子は頭にきますよね。試験にはこう書かなければいけない。朝鮮戦争はなぜ起こりましたかという質問が出たら、ちゃんとこの教科書どおりに書かないといけないわけですから。

井沢　この教科書に準拠して教える先生は、完全な確信犯なのですか。それとも先生たちも親族を人質に取られて、やむをえず教えているのですか。

萩原　それはないと思います。やはり確信犯でしょうね。確信犯というのは、向こうでいうところの「熱誠者《ヨルソンジャ》」のことです。彼らは身も心も、自分で自分を洗脳しないと生きていけないわけでしょう。そういうふうに思い込まないといけない。疑いというものをはさんではいけないのです。

明るい歌がなかった平壌《ピョンヤン》の町角

井沢　一九七〇年代に中学生だった日本の学生は、朝鮮戦争の開始について、すでに〈北からの侵攻もありえたし、南からの侵攻もあったかもしれない〉という両論併記で習っていたように思いますが。

萩原　一九七〇年代だったらそうだったかもわかりませんね。フルシチョフの回顧録が日本で翻訳されたのが、一九七五年です。ロシア語を学んで読んでいた人は、ロシア語版が出た七二年ごろに本当のことを知っていたかもわかりませんが。それ以前は両論併記なのです。

井沢　フルシチョフの回顧録で、朝鮮戦争は北朝鮮が仕掛けたということをはっきり打ち出した、ということになるのですね。

ところで萩原さんが平壌に滞在していた一九七二年前後は、あらゆる面で萩原さんのそれまでの自分の世界が壊れていく年月ですね。

萩原　社会主義の怖さは本当に身にしみました。

井沢　これは十五～十六世紀のカトリックにもあったのですが、自分が絶対正しいと思う人間は、相手に対して容赦しないのです。カトリックはプロテスタントを虐殺しています。逆もやっています。スターリンも政敵、異分子を徹底的に粛清している、毛沢東《もうたくとう》も同様です。キム・イルソンもやっている。これらは全部共通しているのです。ポル・ポトもそうです。ポル・ポトはまさに中国のやり方を学んだ人とされています。独善的であることがすごく怖い。

独裁者は三権分立のその上に立ってしまうから批判する者がいなくなるのです。共産主義は無神論だから、自分が神になれると思い込んでしまう。人間は神になれないにもかかわらず、どうしても人民は独裁者に無謬《むびゅう》性を求めてしまうのです。

一九六七年に金日成の独裁制がはっきりするようになったということですが、その前は北朝鮮でも批判の自由とか言論の自由はあったのですか。

萩原　それまでの北朝鮮はけっこう明るかった。第一、歌が明るかったです。一九七〇年代に入って、歌が急激にもの悲しくなってくるのです。みんな、すすり泣くような曲になります。

日本でいう歌謡曲に当たるのが、向こうでは民衆が歌う歌です。それが、パルチザンの死体の上に雪が降ってくるとか、もう気が滅入《めい》るような曲しかないのです。名曲ではあるかもしれないけれど、本当に悲しい歌ばかりでした。

井沢　勇ましい革命歌のようなものはないのですか。

萩原　もちろんそういうものも行進曲などの中にあるにはあるのですが。六〇年代はじめのころの歌は「平壌は心のふるさと」や「わがふるさと」などいい歌がありました。しかし私のいう一九六七年の金日成・金正日親子のクーデターのあとからは、民衆が好んで歌う歌はもの悲しいものばかり。

井沢　日本も昭和十六年に太平洋戦争が始まって、勝っているときはけっこう明るい歌があった。それがだんだん暗くなってくる。

萩原　社会の気分、感情というのは歌にすぐ出てくると思うのです。だから、なんと暗い、悲しい曲が多いのだろうと、私は向こうへ行ってすぐ思った。

(2) 金・絶対王朝の確立

周到に準備された、金日成完全独裁への下地《したじ》

井沢 一九六七年に反対派を大粛清して金日成が神格化されます。朝鮮戦争であれだけしくじって、六七年までの間に、朝鮮戦争の責任を問われることはなかったわけですか。

萩原 それが一九五六年の「八月宗派事件」につながるのです。前章で紹介した兪成哲さんが、中央アジアに亡命したのは、この事件がきっかけでした。

まずソ連では五三年三月五日にスターリンが死ぬ。その三年後の一九五六年にはソ連共産党第二〇回大会でフルシチョフの秘密報告が出るわけです。スターリンが生きているときには、とても批判などできませんでしたが、死の三年後にもうフルシチョ

フの秘密報告が出る。スターリンの大粛清ぶりがこと細かに暴露される。これが一九五六年です。

五六年になると、北朝鮮でも金日成の責任問題が出てくるのです。それは正面から論じられず、表面上は重工業優先か、軽工業優先かという争いとなって現われます。金日成は戦後復旧計画を立てて、五三年、五四年、五五年、五六年と、焼け野原を重工業で復旧しようとしてきたのです。「重工業でいけ」ということをずっと提起していたのですが、五六年八月の中央委員会総会で、「民は疲弊している。飯を食わせろと言っている。農業や軽工業のほうを優先すべきだ。いまから重工業をやって何になるのか」という批判が、中央委員会の中から噴《ふ》き出します。

それが金日成の支配権に対する挑戦、つまり間接的には朝鮮戦争の責任論になっていきます。まもなく「軽工業を充実しろ」と言った連中は、命の危険を感じて、みな亡命するわけです。中国へ亡命したのが何人、ロシアへ亡命したのが何人と、もう騒然となります。

それで中ソが介入して、ソ連はミコヤン副首相などの大物を送ってきた。中国は彭《ほう》徳懐《とくかい》を送り込む。この人は、延べ三百万人といわれた朝鮮戦争に介入した中国人民志願軍の司令官です。金日成には強い影響力がある。中国とソ連が間に入って「おまえたちは事《こと》を荒立ててはいけない。金日成のやったことは間違いだ。反対派を粛清するようなやり方はだめだ」と言って執りなすわけです。そして、いちおう元に戻させるのです。しかし金日成は面従腹背で、執念深く追及するものだから、反対派は命の危険を感じて中国やソ連に逃げる、というのが一九五六年八月の「八月宗派事件」と呼ばれる反党反革命事件です。これは朝鮮戦争の間接責任論から発した事件だったのです。

> この時期に、国際共産主義運動の中に**現代修正主義**が台頭して、大国主義者たちは共和国に「**セブ**（訳注：原書はロシア語）COMECON」に入れと圧力をかけ、彼らの指揮棒に従って動くよう強要した。
> そのため崔昌益、朴昌玉など宗派分子（訳注：分派分子）たちは、外部勢力

のバックを得て武装暴動まで試みた。

宗派分子たちは1956年8月に開かれた、朝鮮労働党中央委員会全員会議（**8月全員会議**）で、党の路線と政策に反対し、党を正面から攻撃した。

崔賢をはじめとする抗日闘士たちと会議に参加した人たちは、彼らにすぐに反撃を加えて、敬愛する主席様を首班とする党中央委員会を固く擁護した。

全員会議の後、朝鮮労働党は外勢の執拗な干渉策動を断固として粉砕し、主体を徹底的にうち立てるための闘争を力強く推進した。（高級2－17、18P）

萩原　金日成はそういう批判を逃れるために五六年ぐらいからチョンリマ（千里馬《チヨンリマ》）運動を起こします。重工業優先政策です。たとえば鉄工所では、労働者が党中央の出したスローガンに対して二倍の生産高で応《こた》える。それが導火線になって次から次と、各地で革新運動が起きた。それが千里馬運動です。五六年ごろといえば、朝鮮戦争の後遺症に悩まされた時期でした。

1956年4月におこなわれた**朝鮮労働党第3次大会**では、社会主義工業化の基礎を作るための**5カ年人民経済計画**（1957―1961）の雄大な目標を示した。

当時、アメリカと李承晩は「北侵」騒動にいっそう狂奔し、現代修正主義者たちも共和国に対して内政干渉をするとともに、すでに約束した援助をきちんと実行しなかった。

共和国内部の状況も非常に苦しいものだった。

5カ年計画の膨大な課業を遂行するための資材と資金、技術が依然として不足して、宗派分子の後遺症も残っていた。（中略）

敬愛する主席様におかれては、最も不足していた鋼材の問題を解決するために、12月28日に**降仙製鋼所**を訪問なさり、**千里馬運動**の最初の烽火をお上げになった。

降仙の労働者、技術者たちは、人が一歩進む時にわれわれは十歩進み、人が十歩走ったらわれわれは百歩走るという精神で、6万トンしか生産できなかった分塊圧延機で12万トンの鋼材を生産するという奇跡を創造した。
千里馬運動は工業と農業、教育、文化をはじめとするあらゆる部門で力強く展開されて、日ごとに新しい奇跡と革新が創造された。（高級2－18～20Ｐ）

萩原　朝鮮戦争の後では、ソ連から莫大な援助を受け、中国からもチェコスロバキアからも支援を受けた。当時は社会主義国間のものすごく手厚い国際連帯性があって、チェコスロバキアからも病院を一セット送られたり、東ドイツからプラントを送られたりということがあって、南より北の復興のほうが早かったのです。南は依然として失業者があふれていた。そこへもってきて千里馬運動で人手が足りないということで、在日朝鮮人に目を付けたのが、日本からの帰国運動でしょう。

井沢　そのころはたしかに北朝鮮も発展していたから、騙《だま》されてしまった。

萩原　そのころの北朝鮮は「日本に追いつき追い越せ」でしょう。その勢いを見て、みんな錯覚したわけです。私も錯覚しました。「北朝鮮はすごい。そのうち日本も追いつかれ、追い越される」といった雰囲気でした。祖国の社会主義建設のためにと、私の友人も帰っていくわけです。

北も南も、もともと熱狂的な国民ですから、金日成は彼なりに朝鮮戦争の責任回避のためのうまい方法を考えたわけです。その一つが千里馬運動です。

なぜそれが頓挫《とんざ》したのかとなると、中ソ論争のためです。一九五九年の中ソ論争は、「戦争を恐れるな」という毛沢東の考えが根底にあった。

そのころのソ連の映画には、反戦映画がけっこうたくさんありました。たとえば『誓いの休暇』（一九五九年）という作品がありますが、これは、戦功を立てて一週間だけ与えられた休暇を使って、若い兵士が一人暮らししている母親の家の屋根を修理するために故郷に戻る話です。途中、人に頼まれごとをされて時間を使ったり、アクシデントにあったり、人助けをしたりして、休暇がどんどん減ってしまう。結局、母親の顔を一目見ただけで屋根の修理もできず、トンボ帰りして帰営します。そして、その兵士はその後の戦闘で死んでしまう。そんな可哀想な、けれど非常に心温まる映画です。けれども中国に言わせたら、あんなものは戦争恐怖症の映画だといいます。中国の言い分では、人間の悲しみなどを問題にしてはいけないのです。

ところがフルシチョフが出てきて平和共存を唱《とな》えたでしょう。中国は、敵との間に平和共存などありえないという論ですから、毛沢東の代理人の林彪《りんぴょう》が出てきて、「戦争を恐れるな」と応戦する。

その中ソ論争のあおりを受けて、どちらにつくのかということで、北朝鮮は結局ソ連とも仲違《なかたが》いして中国寄りになる。そうこうしていると中国では一九六六年から文革が起きて、金日成の悪口までガンガン言われるようになってしまった。するとソ連のほうにまた寄りを戻すなどして、行ったり来たりするわけです。

かくして金日成の独裁体制は完成した

萩原　一九六七年の金日成と息子の金正日によるクーデターについては、その背景に韓国の状勢がからんでいます。南の韓国では、一九六〇年の「四・一九学生革命」で李承晩《イスンマン》が打倒されます。そのことが、南がいかにも民主化しそうな希望をかきたてたのです。あの当時、李承晩というのはものすごい独裁者でした。反李承晩に立ち上がった学生デモで百何十人かの学生たちが殺される。その犠牲の下に、その後に北との統一を求めるグループが主体となって「張勉《チャンミョン》政権」が成立します。この政権は一年しか続きませんでしたが、その間、時代の空気として解放空間のようなものができ、朝鮮半島の南北に大きな動きが起こり始めるのです。

在日朝鮮人の帰国運動が始まった一九六〇年はそんな年で、北朝鮮への帰国者などもいちように「すばらしい時代が来た」と言っていました。それに北朝鮮に行っても、すぐに帰ってこられるからという軽い気持ちで帰国した人が、けっこういるのです。

そこへ六一年五月十六日の朴正熙《パクチヨンヒ》のクーデターで冷水をかけられるわけです。慌てた北朝鮮は、戦争勃発のときにはお互いに自動介入できるとする条約を中国と結び、ソ連とも結ぶ。

それは南に対する恐怖なのです。南は完璧な軍事独裁体制になりましたから、いわゆる赤狩りが広範に進みます。それで状況は一気に悪いほうに進み、北も武装を固める。思想的にも六七年には、金日成を絶対視する路線で統一してしまう。唯一思想体系としての主体《チュチェ》思想です。ざっとふりかえるとこういう状態になっていくわけです。

井沢　李承晩と朴正煕の間に、小さな政権が挟まるわけですね。

萩原　それが一年あったのです。六〇年の四月十九日から次の年の五月十六日まで、非常に不安定な過渡期的な政権でした。そうした流れがあって「北は北で、独裁体制で乗り切ろう。南も軍事政権で乗り切ろう」ということが一九六七年の夏の両国の対決状況です。

井沢　いま挙げたあたりは教科書ではどうなっているのですか。

萩原　六七年のクーデターのところは、高級二年生用に入っています。

> 敬愛する主席様におかれては、生み出された情勢と党内部の状況をごらんになり、1967年5月に朝鮮労働党中央委員会**第4期第15回全員会議**を招集なさった。
> 会議ではブルジョア、修正主義分子の策動が全面的に明らかになり、**党の唯一思想体系**を確立することに関する問題が討議された。
> 主席様におかれては全員会議でなさった結論で、党の唯一思想体系にもとづ

いた党と人民の統一と団結を強化することは重要なものと強調なさり、そのための課題を明らかになさった。

全員会議を契機に、ブルジョア思想、修正主義思想などあらゆる不健全な思想を根こそぎにし、主体思想で武装するための活動が力強くくり広げられた。

1967年6月4日のポチョンボ戦闘勝利30周年を迎え、両江道恵山市に**「ポチョンボ戦闘勝利記念塔」**が建てられたのをはじめ、主席様の労作と革命伝統を収録した図書が数多く出版されて、いたるところに**「金日成同志革命思想研究室」**が作られた。

党の唯一思想体系を打ち立てるための活動を通じて、全人民は敬愛する主席様の周りにいっそう固く団結するようになり、自主、自立、自衛の路線を固守して進むことができる確固とした保障が得られることになった。（高級2-65～67P）

萩原　ここでブルジョア修正主義という言葉が出てくるのです。ブルジョア修正主義の最大の標的が、先ほど述べた甲山《カプサン》派の朴金喆《パククキムチヨル》です。朴金喆や、彼につながる人たちを一掃して、唯一思想体系という唯一独裁体制をここで打ち立てます。

北朝鮮史の最大のポイントは、親子で共同して独裁を強化していく方向に突き進んでいったということになるでしょう。

井沢　ここで主体《チユチエ》思想が前面に押し出されてくるのですね。

萩原　そうです。ただ、この主体思想とはどんなものかというと、実は中身は何もないのです。

人民が主体であるというだけです。こんなことは当たり前のことです。このことは古くから言われているわけで、特に思想と名がつくようなものではないのですが、ただ、金日成の考えで一元化されたということですね。

井沢　ほかの意見は一切許さない、認めないということですね。

朴金喆《パククキムチヨル》のような人がいなくなって、もうライバルはいなくなったということになるわけですか。

萩原　そういうことになりますね。それから後はそれほど大規模な粛清はないですね。

井沢　そこで粛清があったことは、もちろん教科書には書いていないでしょう。

萩原　金正日の写真がここで出てくるのが、非常に象徴的です。「党中央委員会で活動をなさっている敬愛する金正日将軍様」という説明がついています。唯一思想体系というのは金日成の思想で一色に染め上げるということです。それと同時に、唯一指導体制というものをつくるのです。唯一指導体制とは、ありとあらゆる政策は全部俺を通せ、俺の許可なしにはできない、という体制です。

井沢　完全独裁ですね。

萩原　後には、息子に指導を任せ、父親は君臨するという親子体制がつくられていきます。一九六七年のこの方針転換が、北朝鮮を誤らしめた一番の原因だと、私は思っているのです。

六七年の会議では、息子の金正日が重要な役割をしていました。彼はこのとき会場のまわりに軍隊を配置しました。反対派を逃がさないためです。逐一外と連絡を取り合ったりしているのです。

教科書では、〈全員会議でなさった結論で、党の唯一思想体系にもとづいた党と人民の統一と団結を強化することは重要なものと強調なさり、そのための課題を明らかになさった。全員会議を契機に、ブルジョア思想、修正主義思想などあらゆる不健全な思想を根こそぎにし、主体思想で武装するための活動が力強くくり広げられた〉と、書いてあります。しかしその背景を知らないでただ読んだだけだと、「ああ、そうですか」ということで終わってしまう。

井沢　この会議自体は、日本の新聞でも報じられたのですか。

萩原　ほんの小さく報じられていました。いまのように朝鮮のことを大きく取り上げることはなかったのですが、異常事態だということは、私も新聞報道で知ったわけですから、それなりに報道していたと思います。

井沢　〈党の唯一思想体系を打ち立てるための活動を通じて、全人民は〉と言っていますが、たしかに一人に集約する雰囲気にはなっていますね。

萩原　一九六七年五月四日から八日までのこの会議が一つのターニングポイントだと指摘したのは、実は私が最初なのです。ちょっと手前味噌になりますが、いままでいろいろな北朝鮮の歴史を書いている在日の研究者の方もいたのですが、その方ですら、このことについては注目していなかった。

いま朝鮮問題の専門家の間で認識が共有されているのは、私の指摘以来ということになりますね。

井沢　このころ粛清された人たちは、パルチザン時代は金日成よりずっと上の人間だったのですか。

萩原　年齢的には同世代で、仲間だったのです。同じ活動をやっている同志ですね。ところが、国内に踏みとどまったパルチザンのほうが、国外で策動していた者より国民の尊敬を集めるのは当然です。だから朴金喆という人はすごく人気があって、彼を主人公にした映画もあったくらいなのです。それが気にくわないといって、金正日あたりが嚙《か》みついたのでしょうね。

それで失脚の段取りをつけるために、そうした会議を開いて彼を槍玉に挙げて、罪状をずらりと列挙するわけです。朴金喆は、「私は日本帝国主義の手先になったことは一度もない。私が私利私欲で行動したようなことは一度もない。この心臓を切り開いて見せてやりたいくらいだ」と言って、先にも述べたように、六七年五月の会議の場で二階から投身自殺するわけです。

こうした異分子排除の粛清をすることもなく、人の意見も取り入れた一九六七年以前の状況であったなら、北もここまで悪くはならなかったのです。もっと普通の社会主義国になっていたはずで、今のようにはならなかった。拉致《らち》も起こらなかっただろうし、もっと付き合いやすい国になっていたでしょう。

金日成は息子に殺された⁉

井沢　そうであったなら、いまの中国のような開放路線になったかもしれない。

萩原　そうですね。ともかく餓死者が出るような極端なことはなかったと思うのです。

井沢　餓死者が出るようになるのは、いつごろからですか。

萩原　一九九〇年の秋ごろからです。当時はすでに金正日の時代です。そのとき、国内で十万人の餓死者が出ているということを、金日成が耳にするのです。

すでに金日成は奉《たてまつ》られてしまっていて、現場を離れていたのですが、それでも忠臣といいますか忠実な家来がいて、いろいろ報告してくる。それで金日成は餓死者の事実を初めて知るわけです。そこから金正日と金日成の対立に発展していく。

結局、金日成は一九九四年に息子によって殺されるというのが、私の説です。このことについてはいろいろと意見が分かれるところですから、金正日が父親を殺したということまで皆さんに同意を求めるつもりはありませんが、父子の間で激しい対立があったということを見ないと、この二〇年近くの歴史はわからない。

いま、金正日時代というのは総括されつつあります。さすがに三代世襲ともなると、三代目に譲位するためには、金正日時代をきっちり分析しないと事《こと》が先に進まないのです。それには、親子の激しい対立があったということを抜きには先に進めない。

二〇一一年に、『北朝鮮の指導体制と後継』（平井久志著）という本が岩波現代文庫で出ました。私は同業者を悪く言いたくないけれど、残念ながらここには「親子の対立」という重要なキーワードが入っていないのです。どんな問題でも掘り下げていくには、キーワードというものが必要ではないでしょうか。一九九〇年代の初めから半ばまでの北朝鮮情勢は、親子の血みどろの対立なのです。

井沢　そもそも対立のきっかけ、問題点は、金正日が人民を餓死させたということなのですか。

萩原　つまり、飢餓が起こるような経済状況をつくったということです。

井沢　それが父親は許せない、ということですか。

萩原　父親が気を悪くするわけです。「わしの四〇年の施政結果がこれか。人民に草粥《くさがゆ》しか食わしてやれなかったのか」ということです。このとき初めて人民の窮状を知るわけです。八〇年代の半ばから、金日成は事実上祭り上げられていたために、都合のいい報告しか彼のほうに上がっていなかったわけです。

そのころは、金日成が地方を視察すると農民の冷蔵庫には豚肉がぎっしり詰まっているとか、野菜や米であふれているとか、そういう演出が行なわれていました。金日成が帰ったあとは、全部それを回収していくというようなことがあったと、いまは言われているのですが、金日成の四〇年にわたる治世の最大の贈り物が飢餓であったということを、本人が自覚するわけです。

それで「おまえは何ということをしたのだ」と言って、息子を怒るわけです。そして、金正日によって田舎に追放されていた姜成山《カンソンサン》という、首相を務めたこともある豪腕の幹部を呼び戻して再度首相に据え、二人で農業の立て直しに必死に取り組む。

そのときの有名な言葉が、一九九二年の年頭の辞です。金日成の新年のメッセージですが、この中で、「瓦《かわら》屋根のある家に住んで、白い米を食って、肉の入ったスープを飲み、絹の布団に寝るという人民の古来からの願望は、遠からず実現されるであろう」と言って大見得を切ったのです。農業第一主義を標榜して、そんな公約をした。

そのためにはどうするか。すぐに電気を引き、肥料を増産し、農村に送ってやれということになりますが、その火力発電所を動かすには石炭がいる。では、石炭は掘ればいいじゃないか。いや、そのための電気がありませんとなる。電気がない、石炭を掘れない、それによって肥料工場は止まってしまうという、惨憺《さんたん》たる状況が初めて明らかになってくるのです。

そこで結論として、「火力発電のために重油を買え」となった。つまり重油を買って、火力発電による早々の電力供給強化という結論を下すわけですが、金正日には別の思惑があって、彼は原子力発電を主張します。すると「原発は建設に一〇年かかるじゃないか。その間、餓死者が続出している現状をどうするのだ」と父親は激怒する。最終方針として一九九四年の七月六日に経済幹部を集めて大きな演説をしました。そこで軽水炉（原発）はだめだ、火力発電でいく、という最終決定を下すのです。

一方、金正日は自分の腹心である姜錫柱《カンソクチュ》という、きわめて優秀な、小泉純一郎《こいずみじゅんいちろう》首相（当時）が訪朝したときに金正日の横にずっと座っていた男を使います。彼は今度政治局員になりましたが、その姜錫柱は、一九九四年七月八日からジュネーブで開かれるアメリカと北朝鮮の高官会議の代表としてすでにジュネーブ入りしていました。七月八日までに高官会議でアメリカから軽水炉をもらうのか、火力発電をもらうのか、決定しなければならない。

ところが七月六日に金日成の方針を最終決定とするということになった以上、金正日はおそらく、自分はもうこれで失脚するだろうと予感したと思うのです。そこで失脚を免《まぬが》れ、生きながらえるには父親を殺すしかない。しかもそれができるのは、七月六日から七月八日までの間しかない。そして、その間に挟《はさ》まる七月七日の夜、金日成は急死するわけです。公式発表では八日の午前二時でした。

井沢　公式にはどういう病名ということになっているのですか。

萩原　心臓発作です。

井沢　それは毒を盛れば、どうにでもなる。

萩原　そんなこともありまして、結局のところ、父親との血みどろの権力闘争を抜きにした金正日時代は考えられない。また、その分析を待たなければだめだということを、私は主張するのです。金日成の死を伝える教科書の記述をみてみましょう。

> 7月8日の午前2時、夜深くまで職務をなさっておられた敬愛する主席様におかれては、執務室で**殉職**なされた。
> この日、錦繍山議事堂では、朝鮮労働党中央委員会政治局非常会議が招集された。

敬愛する将軍様におかれては、大きな悲しみを強い意志で克服されながら、政治局のメンバーたちに悲しみを力に変え、弔意行事をとどこおりなく組織しなくてはならないと告げられた。

7月9日12時、重大放送で敬愛する主席様の死去を知らせる**「全ての党員と人民に告げる」**が発表された。

共和国人民は青天の霹靂《へきれき》のような悲報に接し、敬愛する主席様を声を詰まらせながら泣き叫び全国は血の涙のなかに沈んだ。

主席様の銅像を訪ねる人々の波は昼となく夜となく絶えることがなかった。そして主席様を追慕して捧げる花輪と花束は森となった。

南朝鮮の人民は、当局者たちのきびしい弾圧の中でも焼香所を設け、敬愛する主席様に対する哀悼の意を表明し、追悼文を送った。

総連をはじめとする世界130余の海外同胞組織の代表団と団体、そして世界各国の朝鮮同胞が連日弔電を送り、追悼行事をおこなった。また数多くの弔意訪問団を祖国におくった。（高級3－80P）

井沢　時代は前後しますが、歴史教科書の高級2では、韓日会談に触れて、南朝鮮が日本と結んだということをかなり詳細に、かなり悪く書いています。それから韓国がベトナム戦争で派兵したということがかなり記述されています。

「韓日会談」はたがいの対立と、朝鮮人民、日本、アジア人民の強い反対闘争によって何度も中断したが、「**三角軍事同盟**」の実現を追求するアメリカが積極的に介入したため1965年6月22日に「**韓日条約**」と「**韓日協定**」の締結によって終わった。「韓日協定」は過去に日帝が朝鮮民族に対しておかした罪に対する謝罪と、それ相応の補償もなしに、南朝鮮当局者と締結した屈辱的で売国的な協定だった。

「韓日協定」を契機に、「**韓日定期閣僚会**」（1967・3）、「**韓日民間合同経済委員会**」（1969・1）など常設的機関がつくられて、南朝鮮に日本の企業が、潮のように入りこみ、「韓」日関係はふたたび支配と隷属の関係になった。

この時期に、「韓日会談」とともにアメリカの戦略にそって、南朝鮮では**ベ**

トナム派兵が推進された。

アメリカは「**ブラウン覚書**」を通じて、南朝鮮当局に「国軍」の大々的なベトナム派兵を求めて、朴正煕はこれに積極的に応じた。

　１９６５年2月の「後方支援部隊」２０００人の派兵で始まったベトナム派兵は、１９７５年までに延べ31万２０００人にたっし、南朝鮮はアメリカに次ぐ第2の派兵国になった。

　この過程で「猛虎部隊」、「白馬部隊」などが派兵されて、アメリカの指揮のもと、ベトナム人民の殺戮の先頭に立ち、世界の非難と糾弾の対象になったが、数万人の青壮年が命を落とした。

「韓日会談」とベトナム派兵を通じて、東北アジアでは米日「韓」の「三角軍事同盟」体制が形成、強化されて、自主の道を進む共和国を圧殺するための態勢が整えられ、南朝鮮はアメリカと日本の二重の植民地に転落した。（高級2－74、75P）

井沢　韓国はアメリカの手先ということを言っているわけですね。

(3) 日本人拉致問題

「南朝鮮旅客機失踪事件」とは何か

萩原　また、忘れてはいけない大きな問題点は、大韓航空機の一件はでっち上げだと言っていることです。しかも大韓航空機爆破事件と言わずに、「南朝鮮旅客機失踪事件」と言っています。爆破は全部でっち上げだ。北朝鮮工作員の金賢姫《キムヒョンヒ》が引き起こしたとでっち上げられた、としています。

> **「南朝鮮旅客機失踪事件」**
> 1987年11月28日イラクのバグダッドを出発しソウルに向かった南朝鮮旅客機が、タイ─ミャンマー国境付近上空で失踪した事件。南朝鮮当局はこの事

件を「北朝鮮工作員金賢姫」が引き起こしたとでっち上げ、大々的な「反共和国」騒動をくり広げ、その女を第13代「大統領選挙」の前日に南朝鮮に移送することによって盧泰愚「当選」に有利な環境を整えた。（高級3－34P）

井沢　金賢姫は日本人になりすましていたわけですからここまでシラを切るのであれば、日本の陰謀だと書けばいいのに、さすがにそこまでは書いてないのですね。翌年に控えたソウル・オリンピック妨害活動の一環といわれました。それにしても「失踪」事件とは驚きですね。

無視黙殺に近い扱いの、日本人拉致問題

萩原　ところで、日本人拉致問題のことが教科書に記述されているのは、たったのこれだけです。

2002年9月、朝日平壌宣言発表以後、日本当局は「拉致問題」を極大化

し、反共和国、反総連、反朝鮮人騒動を大々的にくり広げることによって、日本社会には極端な民族排他主義的な雰囲気が作り出されていった。（高級3－122Ｐ）

萩原　「拉致された日本人を救う会」いわゆる「救う会」の人たちがカンカンに怒るのは、よくわかります。「一言の謝罪もないじゃないか。金正日ですら拉致は悪かったと言ったじゃないか。それなのに朝鮮総連が運営する朝鮮学校の教科書はまったく謝っていないじゃないか」。しかも……。

井沢　何の説明もなく、拉致問題が突然ポッと出てくる。

萩原　実際その前にはまったく説明がないのです。

井沢　正日様がちゃんと謝っているということも、書いていない。

萩原　書いていないし、総連は、「拉致なんていうのはでっち上げだ。とんでもない」と言い続けてきたことにも、まったく口をぬぐっている。

井沢　正日様が認める前は、朝鮮人を貶《おとし》めるための日本人の陰謀だと言っていたのです。

萩原　そのことの反省どころか、事実すら書いていない。だから当然のこととして謝罪のことばがない。しかも「拉致を利用して、われわれをかえっていじめている」という書き方をしている。

井沢　とんでもない教科書ですね。拉致についてはその後、批判に対する朝鮮総連の反論は出ているのですか。

萩原　いえ、何も出てはいません。

井沢　まったくですか？

萩原　もう、だんまりですね。小泉元首相が行った際に、金正日が「あれは妄動分子がやったことだ。いまは全部処罰した」などと言って、いちおうは悪かったと、自分たちがやったということは認めた。

それに対して総連の内部からもいろいろな意見書が出てきた。「われわれが実際に謝るべきじゃないか」という意見書です。手先になって上陸地点などを在日が調べなければ拉致などはとてもできない。誰かを拉致する場合は、ここの岩場に隠れなさいとか、海岸の西側の陰がいいとか、全部総連が指示するわけです。

井沢　国内に手引きする人間がいなければ、とてもできはしないのですね。

萩原　手引きする人間なしに、出会い頭《がしら》の拉致というのはないです。ちゃんと尾行して、何時何分頃にこの人物はこのへんを通るようになっていると、全部調べ上げている。先にも述べた米子市に住んでいた松本京子さんなどは勤めから帰って、お母さんと一緒に夕食をとり、編み物教室へ行く、という日課をずっと尾行されていた。その上で何時何分頃にここを通ると、尾行者は拉致犯を手引きするわけです。そういうふうに日本における幇助者《ほうじょ》、拉致を助ける人間なしには絶対に成功しないのです。

井沢　サーチライトなどで、お互いに合図をし合うわけですか。

萩原　懐中電灯を三回点滅させるとか、何か取り決めがあって、それでもうＯＫだということで拉致犯が上陸してくるわけです。

ついでに紹介しますと、小浜《おばま》市の地村さんと、後に奥さんになる浜本さんが拉致されたのは、ある展望台です。展望台で二人がデートしていたところを拉致して、二人を海岸へ担《かつ》いでいったということになっています。ところがそこは四五度ぐらいの傾斜の崖で、とても人間が何人かで下ろせるような場所ではないことは、当初から言われていたのです。地村さん自身は、「もうそのことは言うな。そうなっているのだから、それでいいじゃないか」と言っています。

実はそうではなくて、彼らは拉致されて、あるところに一週間監禁されていたらしい。幇助者がそういうアジトを持っているわけです。そこに監禁されていて、向こうの工作員に引き渡された。そのことを彼らは絶対言わないのです。地村さんたちが実際問題どういうふうにやられたかということを曝露《ばくろ》すれば、ある程度手口がわかるでしょう。しかし帰ってきた五人は誰一人言わない。奇妙ではないですか。

「あなたたちは何のために帰ってきたのか。なぜもっと言わないのか」と関係者が詰め寄ると、「しかるべきところには言ってある」と言うのですが、そのしかるべきところというのも本当に聞いているかどうか。

井沢　拉致問題をそれで収束させるために、何も言わないのですか。

萩原　まあ、そうですね。彼らはもう家族も全部取り戻したのだから、もう言っていいじゃないかと思うのですが。

井沢　向こうに残っている人の命が危なくなるからでしょうか。

子どもの誘拐に秘められた恐ろしい思惑

井沢　萩原さんのお考えでは、拉致の規模はどのくらいのものですか。

萩原　脱北者にも聞いた話では、五〇〇人は下らないと言います。特定失踪者としては四〇〇人ぐらい割り出しているでしょう。だいたいそれぐらいではないかと、私は思いますね。

井沢　特定失踪者というのは届け出の数ですか。不明として認定された数ですか。

萩原　家出人とか不明者とかいますが、家族などに不明になった経緯が不審であると見なされている場合です。たとえばご飯を食べている途中にいなくなっているとか、郷里へ帰る予定があって、その切符も買ってあるのに家から突然いなくなっているとか……。

井沢　絶対にいなくなるような状況ではない人がいなくなった場合ですね。

萩原　そうです。そういう状況でありながらいなくなっている人たちを、特定失踪者としている。

井沢　最初の目的は何ですか。日本工作員をつくるための日本語教師が必要だったとか、後からいろいろ言っていますが。

萩原　一九五〇年代ぐらいからの拉致の目的は、多面的な問題があると思っています。

井沢　いわゆる、技術者の補充などですか。

萩原　それもありますし、それから密航ルートを欲しがるのです。日本と韓国、日本と北朝鮮だと近いでしょう。船でひょいと来られる。そのルートの開拓ということで、日本人や日本人の漁師がやはり必要なのです。

井沢　密航ルートの情報源ということですか。

萩原　情報源ということもあるでしょうし、ハイノリ（日本人の身分盗用）もあるでしょう。パスポートが欲しいというのもあるだろうし、いろいろです。対日工作というものに、北朝鮮は非常に力を入れるのです。

日本で自衛隊、米軍基地の情報が欲しいわけでしょう。在日朝鮮人をけっこう動かしているといっても、在日朝鮮人の中でも誰もかれもスパイになれるわけではないのです。特定の選ばれた人間でないと難しいことがあるのです。

ある脱北者が私に語ってくれたのは、自分の父親（一九六〇年代のいわゆる在日の北朝鮮帰国者）が北朝鮮の共産大学に留学するといって、国内留学ですが、三年間いなかった時期があったというのです。そこから帰ってきて何かのときに、「実は俺が行っていたのは大学ではないんだ。日本から連れてきた子どもたちの施設の管理人をやっていたんだ。その脱北者が何人ぐらいいたのかと聞くと、一〇〇人はいただろう。子どもばかりで、夜泣くんだ。おかあちゃん、おうちへ帰りたいとか、何とかと言って泣くんだ」と、話したのだそうです。

子どもたちは日本語で泣きながら言う。それをなだめるのです。よしよし、そのうちお母さんに会えるようにしてあげるから、もう泣くなと言ってなだめる役がその管理人なのです。そういう子どもの面倒をみているわけです。そうした子どもが、一〇〇人ぐらいいた、ということです。

井沢　子どもだけでそれだけの数とは、すごい話ですね。

萩原　それは、朝鮮固有の強盗団である匪賊と呼ばれる者たちの常套《じょうとう》手段です。金持ちの家の子どもをさらって身代金を取るというケースもありますが、子どものときから育てるというのは、馬賊や匪賊の常套手段なのです。金日成の忠実な伝令兵だったという八十過ぎの爺さんがいまだに政権にいますが、それはまさに匪賊で取られた人で……。

井沢　子どものころから忠誠心を叩き込まれた。

萩原　そうなのです。

井沢　そういう教育の延長線上にこの教科書もあるということですね。

萩原　そのようにも言えるでしょうね。ですから目的のためには手段を選ぶような連中ではない。何でもすべてお上《かみ》のいいなりですから。

井沢　一〇〇人の子どもというのは、全国にまたがっている可能性があるのですか。

萩原　たぶんそうです、全国に。

井沢　日本海沿岸だけではなくて。

萩原　特定失踪者問題調査会の代表をやっておられる荒木さんの話では、この日本列島に拉致する人間を捜し出すルートというのがある。長野県の大町《おおまち》から千葉県のほうへ抜けるルートとか、逆に日本海に抜けるルートとか、点々とある。拉致されている人を地図の上に分布していくと、いくつかのルートが浮き彫りになるのです。一番短距離で海に運べるのはどういうルートかということを、研究している者もいるのです。

そういうのが一つと、もう一つは職業別に狙われます。たとえば看護師さんが集中的に失踪している地域も、あるらしいのです。それから関西の某大学も拠点の一つであるらしい。

井沢　なぜなんでしょう。

萩原　なぜか、その意図はわからないです。

井沢　そういうことはデータなどで把握はできないのですか。たとえば大学生ぐらいだと、いなくなったという事実が出ますよね。

萩原　一校だけで二〇人に近い数字が出ています。

井沢　いつの間《ま》にか大学に来なくなる学生なんて山ほどいるから、大学は把握していない。授業料を何年か払わなかったら、そこで除籍して終わりですよね。そういうことも連中は知っているのかもしれない。

萩原　どういうふうに連中が人選しているかは知りませんが、横田めぐみさんも拉致されたのは十三歳です。「なんだ、こんな子どもを連れてきてはだめじゃないか」と、工作員が叱られたという話が脱北者の口から伝わってきたのですが、子どもをさらっていくというのが常套手段だということならば、あながち不思議でもないですよね。

井沢　一から育てる気なら、子どものほうがまっさらで仕込みやすいということはありますよね。角兵衛獅子《かくべえじし》の親方が子どもを仕込むみたいな感じなのでしょう。

萩原　ちょっと大きく見えたので普通の娘と思ったというのではなくて、やはり一人の人間をさらっていくにはそれなりに事前工作がありますから、年齢ぐらいは事前に割り出していると思います。にもかかわらず彼女を連れて行くには、何か別の目的があったのだと思うのです。

井沢　北朝鮮が崩壊したら、そういうことのすべての記録が出てくるのでしょうね。

萩原　たがが外れたら、みんなワッと語り始めることと思います。

井沢　それを早くしてほしいですよね。そのための第一歩として、この教科書の問題を何とかしなければいけない。

学校改革に向けて立ち上がる親たち

萩原　朝鮮学校は工作員の養成所であると、朝鮮学校を卒業して目覚めた人が言っているのです。

井沢　証言があるわけですからね。

萩原　こういう教科書で教えられたら工作員の養成になるんだということをはっきりさせて、朝鮮学校はいったん解散させるべきだと、私は思うのです。

井沢　お金を出す、出さない以前に、日本に住んでいて日本の文物の恩恵を受けていながら、こういう教科書を平気で教えるほうも教えるほうだけれど、それをまた平気で放置しているほうもおかしいですよね。

学校の解散については、良心的な子弟たちの親も望んでいるのですよね。

萩原　そうなのです。ともかく真の民族教育に戻れ、と。言葉をきちんと教える。歴史をきちんと教える。人との共生、共に生きるという人間に子どもを育てよう。本当の意味の民族教育をやれ、という在日コリアンの意見書がかなりあるのです。

われわれは在日の朝鮮人が皆憎いというのではないのです。「こういう悪いことをやっているから、これを改めるべきだ。改めなければ、いったんチャラにしなさい」。そういう主張をしているのです。

井沢　その主張が正しいから在日の人も協力してくれているわけですよね。

萩原　そうなのです。先生方、頑張ってくれというエールももらっています。

高級学校の教科書の三巻を通していえるもう一つ問題なのは、民族性の喪失ということを盛んに言っていることです。これは民団（在日本大韓民国民団）の人がカチンときていることですが。

井沢　民団はだらしない、と言っているわけですね。

在日同胞をとりまく深刻な経済状況は同胞の生活や企業活動を圧迫し、それは総連の活動と民族教育活動にも深刻な影響を及ぼすようになった。極度に険悪になった環境のなかから抜け出すために少なからぬ同胞が日本人に「同化」して生きることで生活の安定と後の世代の将来のための道を求めようとし、日本の学校に通う学生の数や、「帰化」、「国際結婚」が急速に増加した。

またこの時期、在日同胞社会の主役として登場した3世・4世の同胞のなかでは民族的誇りや自負心をもって生きるのではなく、苗字や名前だけを残し、「朝鮮系（韓国系）日本人」として生きることがあたかも国際化の流れに合っているかのごとく考える傾向が現れ始めた。（高級3－108、109Ｐ）

萩原　帰化も国際結婚も、だめだというわけです。たとえばボクサーでも自分の名前を名乗りながら、「俺はコリアン系の日本人なんだ。朝鮮の血なんだ」と言っている選手が、何人もいますよね。それもだめだ、という。だめだと言っても、それが時代の流れではないですか。国際結婚をするのは当たり前ではないか。三世、四世になって、友達がみんな日本人になったら、その中で好きな子もできるでしょう。それがだめだというのは、間接的に民団も叱っていることになるのです。

井沢　かなり踏みこんで書いていますね。

萩原　民団が「居留」の文字を削除したのはけしからんと言っている。高級3年の109ページに書いてあります。総連は「日本永住」には反対です。参政権にも総連は反対なのです。自分たちにとって日本は仮の住まいで、すぐ祖国へ帰るのだから参政権などは要《い》らない。参政権などをもらったら長居するということになるから、参政権にも反対、居留もだめだとなるわけでしょう。そのくせ民団などが努力して勝ち取った永住権のおかげで、総連系の連中は一番恩恵を受けてのうのうと暮らしているじゃないですか。そんなに日本が嫌いなら北で住めばいいじゃないか、と言いたくなる。

すさまじい悲劇を生んだ、帰国事業とは何だったのか？

井沢　高級2では、帰国船の話も出ていましたね。

帰国運動が活発に展開されるようになると、李承晩「政権」は日本との「国交交渉をやめる」などなんだかんだと言い、帰国協定の締結を妨害し、「民団」は「北送反対」のスローガンのもとに、「北送反対実力阻止闘争委員会」（1959・2）を作り、「列車停止事件」（1959・12）までひき起こした。

総連と在日同胞は、こうした妨害策動を退けて、日本の各地で大衆集会や署名運動、日本政府への帰国要請など、さまざまな形と方法で帰国運動を活発に展開した。

この運動は、日本人民をはじめ世界の進歩的人民の幅広い支持を得た。

同胞の正当な要求を無視できなくなった日本当局は、帰国協定の締結によって得ることになる政治・経済的利害関係の打算にもとづき、1959年2月13日に在日同胞を共和国に帰国させることに関する決定を下した。

朝日赤十字代表団の間の会談の結果、1959年8月13日には在日朝鮮公民の**帰国に関する協定**が締結された。

そうして、1959年12月14日に975人の同胞を乗せた**最初の帰国船**が新潟港を出港して、16日には祖国の清津港に入港することになった。
帰国の実現は自主独立国家の海外公民として、在日同胞が民主主義的な民族の権利の擁護のための闘争で勝ち取った勝利となっただけでなく、同胞の力に依拠してくり広げられる愛国愛族運動の礎となり、高揚の契機になった。（高級2－51P）

井沢　帰国事業を煽《あお》った日本の勢力は、いまこの教科書を使っている学校に日本国民の税金からお金を出せと言っているような人たちです。全然反省していないですよね。それが民主化、民主的なことだと思い込んでいるわけです。帰国した人の実際の数と教科書の記述とはかなり違いますか？　総計何人ぐらいと書いていますか。

萩原　九万三〇〇〇人というのは、日赤などが発表した数字ですから確かです。船の写真が載っていますが、この当時は万景峰《マンギョンボン》号ではありません。ソ連の船ですね。

井沢　帰国船に関しては〈共和国政府は在日同胞をいつでも受け入れて、帰国後の生活を保障するという立場を重ねて表明した（高級2－49P）〉とあります。表明したことは事実だけれど、実際に行ってみたらひどい差別を受けたり、スパイとしてすぐ処刑されてしまった人もいるわけで、とんでもないことなのです。

身分のない平等な社会のはずだったのが、行ってみると身分というのがあって、労働者階級の出身でもない在日同胞は一番下なのですね。そういうふうに、日本からの帰国者は非常にいじめられたという歴史があったわけです。そういうことも書いていない。

帰国事業が一九五九年から始まって、向こうでそういうひどい状態になったというのは、どのあたりからなのですか。もう帰ったらすぐにそのような状態になってしまったのですか。

萩原　もう船の上で始まっていました。「もうだめだ。騙《だま》された」と言ってね。船で接岸すると、歓迎群衆が来ているでしょう。それを見たら、子どもはズボンをはいていない。裸足の子もいたり、全体にみすぼらしい。

一九六〇年の初めといったら日本はそうとう復興していますから、もう騙されたとわかるわけです。下船を拒否して、そのまま収容所へ送られた人もいるのです。帰国事業は同じ船のピストン輸送でやっていますから、この船で俺を日本へ帰してくれと言って座り込んだ人もいた。

井沢　それはどうしてわかるのですか。

萩原　ある脱北者が、「私の兄はそういう目に遭《あ》ったんだ」と言ったのです。即、収容所に直行し、そこで動物のような暮らしをさせられて、糞尿まみれになって結局一〇年後に死んだといいます。

井沢　特別な技術を持っていたり、たとえば科学者であったり、エンジニアであったり、医者であったり、そういう人も同じような目に遭ったと聞きますが、そういう技術を利用するようなことはなかったのですか。

萩原　オペラ歌手の人などは、帰って三年ぐらいはものすごく優遇された。宣伝用に海外公演にも連れていったりしたようですが。

井沢　金日成が帰国運動に目をつけたのは、北朝鮮に足りない技術や医者などを補《おぎな》うためではなかったのですか。

제1차 귀국선이 떠나는 니이가다항
「第１次帰国船が出港する新潟港」
（「高級２」の教科書51p より）

萩原　最初は千里馬運動のための、単純な労働力だったと思います。炭鉱で石炭を掘らせたりするためです。

井沢　奴隷労働みたいなものですか。

萩原　朝鮮戦争で一〇〇万人ほど労働力が失われたでしょう。その補充というのがあったと思いますが、そのうちだんだん知恵がついてきて、まず技術のほうが役に立つことがわかったり、金持ちの家の子どもを人質に取って、日本にいる親からせびるとか、いろいろと選択するようになってきたのです。

　帰国事業のピークはたった二年なのです。二年のうちに五万人から六万人ほどが北朝鮮に帰って行っている。それからあとは、がた減りです。祖国が地上の楽園とはとんでもないということは、いろいろなやりとりや公的な手紙でもわかってくるのです。あれを送れ、これを送れと言ってくる。こんなものまでないのかと、在日の家族は疑いの目で見てしまう。

井沢　さすがに同胞も気づきますね。

萩原　赤ん坊のおむつもない、長靴もない。あれを送れ、これを送れ、です。それは日本ではありふれてゴロゴロしているようなものですが、そういうものもないということがわかってくる。そうすると、もう行くのはやめようとなった。

そこへもってきて本国からは技術者集団を送れとか、知識より技術を持った奴を送ってこいと言ってくる。それでまた総連が必死で駆け回るわけです。

井沢　指名して、「あなた行きなさい」と。

萩原　最終的には朝鮮大学の子どもを指名してね。

井沢　本人が行きたくないと言ったら、どうなるのですか。

萩原　最終的にはそういう指名ですからね。

井沢　もう逆《さか》らえないのですね。普通の日本の大学へ行きたいから朝鮮学校へ行きたくないという子も強制されて朝鮮学校に入ったという話もあるのですね。

萩原　そうです。だからこういう異常な学校は、まず潰すことです。こんなけしからん教科書によるウソの教育を、こともあろうに日本で真《ま》に受けてやっているということは異常も異常です。

井沢　犯罪的行為ですね。

こういう教科書が日本国内にある学校で堂々と使われているということだけでも、一人でも多くの日本人に知ってもらいたいと思います。こういう教科書を使っている学校に税金を投入するということは、とりもなおさず日本国としてこの歴史教科書を認めているということです。それはありえないことだ、と私は思います。

四章　元朝鮮学校生徒の証言

次に掲げる文章は、かつて幼稚園から高校までの一五年間を朝鮮学校で学んだ元生徒の手記で、私どもが発行する雑誌「光射《ひかりさ》せ!」第6号(二〇一〇年十二月六日発行)に掲載したものである。今回本人の了解を得て、ここに転載することにした。特に但し書のない( )内の注記は原著者の元智彗氏、小見出しは萩原による。

(萩原遼記)

朝鮮学校の「民族教育」は、授業料無償化に値《あたい》しない

朝鮮学校修了生　元《ウオン》 智彗《チヘ》

「民族教育」とは、「教育」でもなんでもない

朝鮮学校が行っている「民族教育」について、それを実際に受けた者以外にその実

態を知る者は少ない。正確に言えば、「民族教育の恐ろしさ、愚かさ」というべきであろうか。

私自身、幼稚園から高校まで過去十五年におよぶ歳月を、朝鮮総連、そして民族学校に属していた。

思い起こせば、まともに「教育」というものに接した経験は成人を迎えるまで皆無だったのかもしれない。なぜならば、朝鮮学校が声高《こわだか》に叫んでいる「民族教育」などという代物は、「教育」というものとはまったくもってかけ離れているといっても、決して過言ではないからである。

当初、在日同胞のための純粋な想いから始まった民族教育。異国の地においても、民族の言葉や歴史を学び、誇り高く生きていくための理念はやがて簡単に覆《くつがえ》され、その目的は大きく捻じ曲げられた。そして、当時台頭しつつあった金日成を神と崇め、その他いっさいの異なる価値観を認めない、唯一絶対思想をもとにした、歪《ゆが》んだ「教育」の場と化していった。

朝鮮高級学校（朝鮮高校）の授業料無償化の是非が審議されるなか、無償化除外は妥当とするその理由を、個人的体験をもとに綴《つづ》ることとする。

朝鮮学校は「各種学校」

まず前提として、朝鮮学校が叫んでいる「民族教育」などは、実際民族でも教育でもないという点が何よりも重要である。

北朝鮮に関するさまざまな報道がなされるなかで、朝鮮学校の実態が報道されたことは、ここ最近までほとんどなかった。報道などで、朝鮮学校の教師たちが「現代朝鮮史等の授業以外、日本学校のカリキュラムとなんら変わりありません」という妄言《もうげん》を繰《く》り返しているが、それならばなぜ現在にいたるまで朝鮮学校は、学校教育法でいう第一条校（学校教育法第一条で規定された学校のこと）ではなく、「各種学校」なのであろうか。

日本政府は、朝鮮学校を専門学校等と同じ扱いである「各種学校」として定めている。高校無償化自体がなんのための政策であるかはっきりしない部分がなきにしも非《あら》ず、であるが、少なくとも「各種学校」の無償化とは謳《うた》っていない。

また、朝鮮学校の教壇に立つ者たちのほとんどは、国内における法的な教員免許をもたない。現在では、若干の例外があるとはいえ、ほぼすべての教員は「各種学校」である朝鮮大学校を卒業し、教員としての資質すらもち合わせていない。彼らは、そこでさらに徹底された思想統制と日本社会との隔離のもと、「勉学」に励み、卒業後は各赴任先へと向かう。

当時、校内では教員の生徒に対する暴力は日常茶飯事であった。というのも、朝鮮学校は外からの監視（ＰＴＡや教育委員会等）がないので、あらゆる非合法が許された。ある者は入院し、ある者は退学し、またある者は自殺した。私も北朝鮮や総連を非難して暴力を受け、あるときは訳もなくしばしば殴られた。このように、朝鮮学校の教員たちには、人間的に問題がある場合が少なくない（組織そのものに問題があるので、当然と言えば当然である）。

そんな彼らが指導する授業、ことに歴史教育はきわめて不誠実なものであった。朝鮮学校で使われている歴史教科書（とくに、現代史や金日成・金正日の教科書）を一度でも目を通した人は、そのあまりの虚構ぶりに目を疑うであろう（この二つの教科書だけは、特別良質の紙が使われた）。

朝鮮学校が現在においても第一条校として認定されない理由は、上記を見るだけでもはっきりしている。

追記ではあるが、「民族教育」の売りのひとつに言語習得（朝鮮語）がある。結論からいってこの在日朝鮮語はネイティブにはまったく通用しない。実際問題、韓国人が在日同胞の「朝鮮語」を聞いても、ほとんど理解不可能という例は多々ある。

まったく使えない言語習得に多くの時間を割《さ》き、人間形成に大きな歪みをもたらす歴史教育や日常的な暴力。

これは、「各種学校」にさえも値《あたい》しないと思うのは、おそらく私だけではないだろう。

捏造《ねつぞう》された歴史

金日成の『現代朝鮮革命歴史』（現在は『現代朝鮮歴史』と、〝革命〟の文言はなくなっている）と金正日の『愛の日々』は、筆者の在籍した一九九五年ごろ当時毎日のようにカリキュラムに組み込まれていた。

授業形式は、彼らの「偉大性」を学び、各自それを最高に「称《たた》える」事によって進められた。異論を唱える事は決して許されない。

当時はわからなかったが、当然それらの内容すべて完全なる捏造である。内容もさることながら、掲載写真もみごとに合成されていた（編集部注：本書二章117ページ参照）。

金日成が戦後スターリンの傀儡《かいらい》としてソ連軍とともに祖国に「凱旋」する様子も、それを見た民衆のあいだで、独立運動のために闘い、すでに伝説となっていた、「本物」の、しかも老齢の金日成将軍ではないと騒動となっている凱旋時の様子も、当然掲載されていない（伝説の金日成将軍は、一九一〇～二〇年代に朝鮮独立運動で活躍したとされ、凱旋した「金日成」将軍はあまりに若くどう見ても三十代であったので、民衆は不審に思った）。

したがって、『現代朝鮮革命歴史』で教える朝鮮半島植民地時代の金日成の活動は、すべて作り話である。彼が、この時代に祖国朝鮮のために戦った事実が皆無である事は現在では常識である。祖国で民衆が苦しむなか、彼が戦時中朝鮮入りした事はただの一度もなく（彼はそのころ満州にいた）、『愛の日々』で美化されて語られるように、朝鮮で「誕生」したとされる金正日も、朝鮮ではなくソ連で生まれている。

スターリンとの「面接」に合格した偽《いつわ》りの「金日成（本名：金成柱）」は、北朝鮮がソ連の属国となるにはたいへん都合がよい人物だった。本当の意味で「独立」ではなかった。朝鮮半島（現在でも米軍が駐留する韓国も同様）の悲劇の歴史はここからすでに始まっていた。

歴史の捏造はさらに続く。

光復（北朝鮮や韓国では、植民地解放をこう呼ぶ）から五年後の一九五〇年、甚大な悲劇を巻き起こす朝鮮戦争が勃発。米ソの冷戦を背景に、ソ連軍・中国義勇軍の援護を受け北朝鮮軍は南侵を開始。大韓民国（韓国）も米軍の援護を受け、血で血を洗うこの南北の対立は結局三年の不毛な戦争を経て、現在にいたるまで両国は休戦状態が続いている。

朝鮮学校の教科書では、「大韓民国と米軍が北侵し、北朝鮮はそれを死守した」と記されている。歴史の流れから見ても明らかに矛盾しているが、現在でもこのように教えられている。その後、北朝鮮は世界を舞台にテロや工作活動を繰り広げ、在日韓国朝鮮人の北鮮（ほくせん＝当時、日本では北朝鮮をこう呼んだ）帰還、ラングーン事件、大韓航空機爆破事件、さらには韓国人や日本人拉致工作等の悲劇を巻き起こしていく。

教科書では、それらすべてを米国、韓国、日本などの北朝鮮に対する敵視政策によるでっち上げだと謳《うた》い、それらの国や民を憎むように教育されている。

総連は「教科書は北朝鮮と関係ない所で製作され」、また「自分たちも北朝鮮とは一線を引いている」などとメディアを通じて言っているが、総連はまぎれもなく本国北朝鮮の傘下にあり、すべては金正日の指示のもとに動いている。

日本の軍国主義や天皇崇拝を批判しつつ、かたや金王朝に対する偶像崇拝は現在でも行われ、教育の現場はさながら狂信集団と化している。そして、祖国統一と謳いながら、一方で同胞である韓国は忌《い》み憎むべき存在で、敵であると教えている矛盾。

歴史だけではない。音楽の時間に習う歌は、すべて革命歌や金日成・金正日を讃美するもの。伝統的な歌までもが、戦後、歌詞が書き換えられ、彼らを美化するものとなっている。

親たちは何を信じ子どもたちを朝鮮学校に通わせ、また生徒たちは何を考え、このような場所に通っているのか、私にはまったく理解できないが、それを気づかせないほどの洗脳教育が、「民族教育」の実態なのである。

日本人拉致事件発覚以降、朝鮮学校はいちおう表面的には変化があるように見える。小学中学では金日成と金正日の肖像画は取りはずされ、またそれまでの異様な唯一絶対思想教育も薄れたとされるが、それはカモフラージュにすぎない。

報道に登場する朝鮮学校教師は、「拉致事件に関しても、誤った事だと教えている」と話しているが、教科書を見れば、「でっち上げ」といわんばかりのことがたった四行だけ書かれている。執拗に羅列されている。

やはり、歴史は正しく教えるべきである。

朝鮮学校は朝鮮総連幹部養成所だった

教育とは個人の自己実現を最大限あと押しするはずであるが、朝鮮学校の場合は事情が異なる。

当時私は、進路のために日本の高校へ進学したいと希望したが、許されるはずもなくあらゆる手段でそれは妨害された。あるときは、学校長から個人的に呼び出され、数時間におよび訊問され精神的に追い詰められた。朝鮮学校職員であった私の父にも脅迫がおよび、家族で耐え忍ぶ日々が続いた。

そして、自分の知らない所で朝鮮高校への願書が作成され、私の進路は無残にも崩れ去ってしまったのだ。

この事は、その後の総連や朝鮮学校に対する自分の意識をいちじるしく変える大きな出来事であったと同時に、「民族教育」の本質が浮き彫りになった瞬間でもあった。

このように、「民族教育」とは名ばかりであり、とても人材育成といった機能はもち合わせていないのである。

当時の朝鮮高校では、高校二年と三年時に一週間弱の合宿が行われた。生徒たちが進路で悩むころを見計らった計画的なもので、その実態は朝鮮大学校への進学を強要するものであった。

朝早くから夜遅くまで、終日金日成の主体思想や偉大さについて叩き込まれ、国家への忠誠心を幾度も強要される。そこで少しでも疑問を投げかけようものなら、教職員や同級生から信じられないほどの非難を浴び、自己総括させられる。

とくに自分の将来について考えない者は、ここで驚くほど簡単に洗脳され朝鮮大学校への進学を決めてしまい、合宿以前とはまるで違う人格になっていた。

私の友人の話をしよう。

日本の大学への進路を希望していた私の友人は、当然受験予備校等へ通っており、あるとき学校のイベントと重なり欠席を申し出たが叶わなかった。しかし、合宿直後ということも災《わざわ》いし、クラスで彼の意識を徹底的に改造させようとするときがもたれた。

数時間も非難される彼を私は弁護したが、そのうち私までも反社会主義的だと、不当に弾劾《だんがい》されることとなった。

彼のプライドは弄《もてあそ》ばれ、私を含む彼の仲間たちはその後幾度も教師たちに反発しては、その度に執拗な暴力を彼らから受ける事となっていった。

現在では消滅したとされるが（真偽は定かではない）、当時は「学習班」という非公然組織も存在した。公安当局からも監視されるその実態は、上層部が選《え》りすぐった人物を組織のエリートとするためのものであり、いわゆる裏組織であった。

通常のカリキュラムとは別に特別な教育を受ける、さしずめ精鋭部隊といったところか。彼らは、北朝鮮の工作員となるべく金日成主義を徹底的に叩き込まれ、すべての者が朝鮮大学校に特別枠（授業料その他すべて免除）で入る。

そしてその後、当局の指示のもと、対日工作や対韓工作などさまざまな型での工作活動に加担していくのだ。

朝鮮高校に入学して間もなく、私もそのかされその一員となったが、実態を知り、ほどなく辞めた。

数年後、北朝鮮による拉致事件が発覚し、在日同胞の失望は頂点に達する。北朝鮮の工作員とともに加担したのが上記のような在日の工作員も含まれていた事もしだいに明るみに出た。

このとき初めて、朝鮮総連の悪辣《あくらつ》な本質を知った同胞も多く、朝鮮学校に入学する者は激減した。

しかし、その後数年を経ても傍若無人《ぼうじゃくぶじん》に存続している総連と朝鮮学校。もはや、彼らに良心というものは存在しないのであろうか。

ある教員が私にこう話した。「民族教育は、北朝鮮と総連のための幹部を養成するもの。個人の資質や将来などどうでもいいのだ」と。

このように、朝鮮学校は朝鮮総連幹部や工作員の養成所であったといっても過言ではない。

朝鮮総連と「本国」北朝鮮

朝鮮学校は朝鮮総連や北朝鮮の指示にもとづき動いている訳であるが、この蜜月の関係によって巻き起こされた悲劇は数限りない。

現在、脱北者が後を絶たないが、その多くはかつての北朝鮮帰還事業により海を渡った人たちである。彼らは、「地上の楽園」と言った朝鮮総連の嘘八百の宣伝を信じ、貧困や差別からのひとすじの光を求めて、この話に乗った。これを推進したのが日本の諸政党および朝鮮総連であり、その背景には完全なる個人崇拝を確立するために行った血の粛清に非難を浴びた金日成が、起死回生を狙い内外に個人的名声をアピールするためのもくろみがあったとされる。

日本としても、在日が置かれている状況に同情すると同時に重荷になっていた部分もあり、金日成にとっては労働力確保といった意味合いもあった帰還事業は、両者の利害が一致し、大規模に実現していくこととなる。

帰国した者のなかには、強制収容所に送られた人、対南工作や原爆製造などに加担した者も多くいる。

そして、日本に残った家族にも悲劇は続き、北に渡った家族の命はないと総連から多額の寄付を強要され、身ぐるみ剝がされた人も後を絶たず、その人たちは人生をも奪われた。

一九六〇年当時、金日成の神格化は急速に進められ、それは民族教育にまで当然のごとく及んだ。

やがて、教室には彼の肖像画が掲《かか》げられるようになり、民族教育の当初の純粋な目的は、ここで終止符を打たれることとなる。

それは、一九七〇年代を中心に行われた日本人拉致事件へと発展する訳であるが、このような構図は現在にまで続いている。

在日同胞も声を上げるべき

北朝鮮の世襲後継が行われ国際世論の非難を浴びるなか、在日社会も変化しなければならないときがきている。

北朝鮮はもとより、朝鮮総連のこれまでの蛮行は目に余るものがある。手段を選ばず獲得した特権や、朝銀（総連の傘下にある金融機関）を通し同胞から巻き上げた金銭を、北朝鮮へ送金し続けてきた。

あの独裁国家を支えてきたのは、在日社会でもあるのだ。

思えば、一九一〇年の朝鮮併合以来、悲劇は現在にまで続いている。三十六年間の日本統治時代、朝鮮戦争、南北分断、帰国運動の悲劇など、そして極めつけが拉致事件発覚であり、在日同胞にとっても衝撃であり大いなる失望であった。

私は、ほかでもない、在日同胞にもの申したい。

これまで、在日が歩んで来た道程は厳しいものであった。

拉致事件以降、韓国籍に変える人、日本に帰化した人は数知れず、それはそれで可能な限りの抵抗であるという見方もできるが、私はやはり自分さえ関わらなければよい、という在日のありかたにも疑問を呈する。

在日の皆様（帰化した人も含めて）、拉致事件をこのまま何も進展がないまま放っておくつもりですか？

北朝鮮のような野蛮な国家を、ただ眺めているだけですか？　朝鮮総連の実態を内外に告発するべきではないですか？

そのような邪悪なものから、わが子を守るべきではないですか？　ただ組織から離れて自分の道を歩めば、それでよいのですか？　そして、何も行動を起こさないつもりですか？

日本の方にも問いたい。我々のすぐかたわらにこのような学校という名の工作員養成所が存在するというのは、恐ろしいかぎりではありませんか？　無償化うんぬん以前に、存在そのものを消す必要があると思いませんか？

少なくとも、往時の純粋な在日同胞のための誇り高き教育を取り戻せないのであれば、総連や民族教育は害悪である以外の何物でもない。

私は、授業料無償化の議論より、在日のための組織ではない北朝鮮のためのスパイ組織を消滅させねばならないことが喫緊《きっきん》であると確信する（もちろん、さしあたっては無償化断固反対である）。

心ある在日同胞の皆さん、いまこそ立ち上がろうではありませんか！

そして、心ある日本の皆様から、そのためのお力添えをいただきたい所存である。

（二〇一〇年十月三十一日）

あとがき

日本には数多くの「エセ民主主義者」がいる。記者にニュースキャスター、学者に評論家、そしていわゆる教育者に政治家。こういう人々は、かつて北朝鮮への帰国事業（223ページ参照）について何と言ったか。「地上の楽園に彼ら在日朝鮮人を帰すのは正しいことだ」。

実際は楽園ではなく、文字通りの地獄であった。行った人ばかりでなく、その人たちの親類縁者も彼らを人質に取られたため、言いたいことも言えず塗炭《とたん》の苦しみをなめた。

一方、「エセ民主主義者」は何の反省もせず、北朝鮮の実態が次々と明らかになっても、「あの国は拉致《らち》などしていない。そんなことを言うのは右翼のウソ付きだ」と、マスコミを通じて叫びつづけた。

そして、彼らの方がウソ付きであることが証明された。皮肉なことに、金正日《キムジョンイル》がそれを認めたことによって。

だが、彼らは何の反省もしない。

ニュースキャスターを辞任するとか、記者として筆を折るとか、拉致被害者の親たちに土下座して謝るとか、一切しないで居直った。他人や政府に対しては、常々「反省や謝罪が足りない」と口癖のように言う彼らが、だ。

そして性懲《しょうこ》りもなく今度は、「朝鮮学校を無償化せよ」と言い出した。まったく同じメンバーが、である。

こういう連中に聞いてみたい。

「君たちは、ヒトラーがナチズムの学校を日本に作るとしたら、それでも無償化を主張するのか」と。

あるいは「君たちの辞書に『反省』という言葉は無いのか」と。

この問題については、他ならぬ在日朝鮮人の家族たちが「こんな学校をつぶしてくれ」と望んでいるのである。

それは当然だろう。民主主義の本当の意味を知っている人間なら、誰でもそう考える。

本当に、こういう「エセ民主主義者」は、一刻も早く、どこかへ「帰国」してもらいたいものだ。

今回、ジャーナリストとして実際に北朝鮮で仕事をなされ、帰国後は北朝鮮に対する冷静な研究を積み重ねてこられた萩原遼さんと対談の機会が得られたことは、私自身学ぶところも多かった。

北朝鮮が日本でどのような民族教育を行なっているかを知ることができたのは、萩原遼さんの業績ゆえであることを記しておきたい。

２０１１年10月記す

井沢《いざわ》 元彦《もとひこ》

朝鮮学校「歴史教科書」
日本語翻訳本の問合せ先

発行：星への歩み出版
〒581-0868　大阪府八尾市西山本町7－6－5　3F
TEL／FAX 072－990-2887
e-mail：hosihenoayumi@gmail.com

編集：朝鮮高校への税金投入に反対する専門家の会
頒価：「中級２・３」「高級１」「高級２」「高級３」
各2880円
（「中級２・３」は、原本の「中級２」の７章から９章まで、および「中級３」全編を合わせて一冊としたものです。）

キリトリ線

★読者のみなさまにお願い

この本をお読みになって、どんな感想をお持ちでしょうか。祥伝社のホームページから書評をお送りいただけたら、ありがたく存じます。今後の企画の参考にさせていただきます。また、次ページの原稿用紙を切り取り、左記まで郵送していただいても結構です。

お寄せいただいた書評は、ご了解のうえ新聞・雑誌などを通じて紹介させていただくこともあります。採用の場合は、特製図書カードを差しあげます。

なお、ご記入いただいたお名前、ご住所、ご連絡先等は、書評紹介の事前了解、謝礼のお届け以外の目的で利用することはありません。また、それらの情報を6カ月を超えて保管することもありません。

〒101―8701（お手紙は郵便番号だけで届きます）
祥伝社新書編集部
電話03（3265）2310
祥伝社ホームページ　http://www.shodensha.co.jp/bookreview/

★本書の購入動機（新聞名か雑誌名、あるいは○をつけてください）

＿＿＿＿新聞の広告を見て	＿＿＿＿誌の広告を見て	＿＿＿＿新聞の書評を見て	＿＿＿＿誌の書評を見て	書店で見かけて	知人のすすめで

★100字書評……朝鮮学校「歴史教科書」を読む

名前

住所

年齢

職業

萩原　遼　はぎわら・りょう

1937年高知県生まれ。大阪外大朝鮮語科卒。69年から88年まで「赤旗」に勤務。72年から平壌特派員。退職後、米国立公文書館の北朝鮮文書160万ページを読破し、『朝鮮戦争』（文春文庫）を著わす。『北朝鮮に消えた友と私の物語』で大宅壮一ノンフィクション賞受賞。著書、訳書多数。

井沢元彦　いざわ・もとひこ

1954年愛知県生まれ。早大卒。80年『猿丸幻視行』で江戸川乱歩賞受賞。以後、歴史推理小説に加えて、日本史と日本人の謎に迫る評論活動を精力的に展開。著書多数。代表作『逆説の日本人』は、現在も連載中。これまでも日韓教科書の比較や中国教科書の検証に精力的に取り組んできた。

朝鮮学校《ちょうせんがっこう》「歴史教科書《れきしきょうかしょ》」を読《よ》む

萩原《はぎわら》　遼《りょう》　井沢元彦《いざわもとひこ》

2011年11月10日　初版第1刷発行

発行者……………竹内和芳
発行所……………祥伝社しょうでんしゃ
〒101-8701　東京都千代田区神田神保町3-3
電話　03(3265)2081(販売部)
電話　03(3265)2310(編集部)
電話　03(3265)3622(業務部)
ホームページ　http://www.shodensha.co.jp/

装丁者……………盛川和洋
印刷所……………堀内印刷
製本所……………ナショナル製本

造本には十分注意しておりますが、万一、落丁、乱丁などの不良品がありましたら、「業務部」あてにお送りください。送料小社負担にてお取り替えいたします。ただし、古書店で購入されたものについてはお取り替え出来ません。本書の無断複写は著作権法上での例外を除き禁じられています。また、代行業者など購入者以外の第三者による電子データ化及び電子書籍化は、たとえ個人や家庭内での利用でも著作権法違反です。

© Ryo Hagiwara, Motohiko Izawa 2011
Printed in Japan　ISBN978-4-396-11257-8　C0220

〈祥伝社新書〉
話題騒然のベストセラー！

042
高校生が感動した「論語」
慶應高校の人気ナンバーワンだった教師が、名物授業を再現！
元慶應高校教諭　佐久　協《やすし》

188
歎《たん》異《に》抄《しょう》の謎《なぞ》
親鸞は本当は何を言いたかったのか？
親鸞をめぐって・「私訳　歎異抄」・原文・対談・関連書一覧
作家　五木寛之

190
発達障害に気づかない大人たち
ＡＤＨＤ・アスペルガー症候群・学習障害……全部まとめてこれ一冊でわかる！
福島学院大学教授　星野仁《よし》彦《ひこ》

192
老後に本当はいくら必要か
高利回りの運用に手を出してはいけない。手元に１０００万円もあればいい。
経営コンサルタント　津田倫《みち》男《お》

205
最強の人生指南書
佐藤一斎「言志四録」を読む
仕事、人づきあい、リーダーの条件……人生の指針を幕末の名著に学ぶ
明治大学教授　齋藤　孝